马岩松 著

Ma
Yansong

20
Cities

二十城记

生活·讀書·新知 三联书店

Copyright © 2024 by SDX Joint Publishing Company.
All Rights Reserved.

本作品中文版权由生活·读书·新知三联书店所有。
未经许可，不得翻印。

图书在版编目（CIP）数据

二十城记 / 马岩松著 . -- 北京：生活·读书·新知三联书店，2024.7（2024.9 重印）
ISBN 978-7-108-07845-2

Ⅰ . ①二… Ⅱ . ①马… Ⅲ . ①马岩松－自传 Ⅳ . ① K826.16

中国国家版本馆 CIP 数据核字 (2024) 第 101653 号

特邀编辑	尹　然
责任编辑	王　竞
编辑统筹	谢小璋
装帧设计	别境Lab
版式设计	燃然后　陈小娟
责任校对	曹秋月
责任印制	卢　岳
出版发行	生活·讀書·新知 三联书店
	北京市东城区美术馆东街 22 号 100010
网　　址	www.sdxjpc.com
经　　销	新华书店
印　　刷	天津裕同印刷有限公司
版　　次	2024 年 7 月北京第 1 版
	2024 年 9 月北京第 3 次印刷
开　　本	850 毫米 × 1092 毫米　1/32　印张 15
字　　数	118 千字　图 215 幅
定　　价	98.00 元

(印装查询：01064002715；邮购查询：01084010542)

20
Cities

前记

其实我不是一个善于写作的人，我更偏向于图像思维，所以这本书有点像用文字来描绘一幅幅画面。书稿完成后给几个朋友看了，都说好看有趣，这才让我有了信心发表。

大部分的写作是在疫情隔离中的酒店房间完成的。在一个失去自由的封闭空间里回忆自己畅游世界的经历，算是苦中作乐，也让这些回忆更加细腻、更个人化；重要的是，书写给隔离中的我带来了精神上的自由和对世界新的向往。

书中的二十座城市，有些记录和见证了我不同阶段的生命和生活；有些则因为建筑项目的机会，让我的一些信念在这个城市中得到展现。

对大多数人来说，旅行这件事本身应该是一种享受，美食美景，异域风情，而对我来说，旅行更像是一种精神之旅，因为我的旅行往往是为了建筑师的工作，带着任务，甚至是使命，在走访、观察中从个人的角度去理解和研究千百年来形成的生活风俗、历史文化。当然，旅途中也会见到一些有趣的人，遇到一些奇闻趣事。

我还发现，很多了不起的建筑师都是从旅行中找到的灵感和意义，他们是了解真实世界的人，而不是被传统的科班教育或单一的宣传机器塑造出来的。像路易斯·康、赖特、安藤忠雄、库哈斯，周游世界成了他们的大学课程。中国那些学贯东西的前辈，科学和人文大家们，也大都有旅欧美日的经历。有时候，离开日常熟悉的环境接触新鲜的东西，更容易得到启发。

让我们开始未来的旅程吧！

2024 年 2 月 20 日 北京

目录

Contents

▲1 北京 Beijing　山水之间……………………………002

▲2 纽约 New York　浮游之岛……………………………074

▲3 多伦多 Toronto　梦开始的地方……………………112

▲4 圣地亚哥 San Diego　跨越时空的对话……………134

▲5 哥本哈根 Copenhagen　自由之城…………………150

▲6 巴塞罗那 Barcelona　灵魂之光……………………166

▲7 鄂尔多斯 Ordos　荒野超现实………………………186

▲8 哈尔滨 Harbin　毕尔巴鄂效应………………………200

▲9 巴黎 Paris　文化复兴的底气…………………………224

▲10 伊斯坦布尔 Istanbul　现代文明的危机……………256

▲11 鹿特丹 Rotterdam　设计先锋………………………262

▲12 洛杉矶 Los Angeles　想象之上……………………282

▲13 深圳 Shenzhen　革新的力量 ································ 316
▲14 嘉兴 Jiaxing　百年之后 ····································· 332
▲15 衢州 Quzhou　消失与永恒 ································ 348
▲16 海口 Haikou　超越现实 ···································· 364
▲17 珠海 Zhuhai　穹顶之下 ···································· 376

▲18 直岛 Naoshima　重生的乌托邦 ··························· 392
▲19 越后妻有 Echigo-Tsumari　光之隧道 ················· 416
▲20 黑石城 Black Rock City　燃烧 ·························· 448

我一直相信源于本能的个人主观的那种力量。

我在北京长大,
我属于这个古老的城市。

北京
Beijing

山水之间

1975年,我出生在北京。

出生时的医院位于西安门大街1号,算是老北京的中心。那会儿我奶奶家和父母家都在胡同里,一个东城,一个西城。父母住的是单位宿舍,是个大杂院,所以很多时候,我是跟着住在王府井四合院里的奶奶生活。印象最深的是,奶奶家院里有一棵巨大的银杏树,这棵树给了我时间的概念——它随着季节、天气的变化而变化:春夏时节鸟儿在树上啾啾叫,雨后树上有很多蜗牛;秋天整棵树变成金黄色;冬天银杏落地,捡起来放在屋里蜂窝煤炉子上,烤成白果干,非常好吃。

小时候,每次跟奶奶吵完架,我就会离家出走。出走的路线一般是从王府井大街先跑到长安街,随便上一辆公共汽车,顺着长安街往西坐几站,到西单下车,再走回我

北京

全家福，1979年，前排左起：我、奶奶、表妹；后排左起：姑父、姑姑、父亲、母亲

爸妈家。当时长安街只有这么一条公交线路，所以城市对我来说就是一条线，线的两个端点是藏在隐秘的胡同里、被叫作"家"的小空间。因为坐在车上，我对距离没有概念，体会不到城市的具体尺度，两点之间的空间对我来说非常抽象。直到一次特别的、从父母家的出走，我才强烈感受到这座城市真实的尺度。

老北京的院落和胡同，把城市分成了很多区域。每一个院子实际上是一个内向型的空间，住在里面的小孩在心理上与院落是绑定的状态。平常我和邻居小朋友一般就在院儿里玩耍，不甘被困在院子里的时候，也常会爬上屋顶、大树，想从那上面看到更广阔的世界，好像那样能体验到逃脱限制、跨越边界的刺激。

老北京有句俗语，"三天不打，上房揭瓦"，就是专门形容我们这种淘气的孩子的。尽管如此，屋顶也不是像姜文的电影《邪不压正》里拍的画面，孩子们可以在上面肆无忌惮地一直跨越，屋顶上的活动区域相对固定，跨出区域对孩子们来说也是一种冒险。

那时候我年龄不大，但已经被爸妈单位宿舍院里的孩子们看作见过世面的人，自己也觉得我是能把他们带出这个院子的不二人选。有一天，我带着一个比我还小的孩子，用上世纪七八十年代老北京流行的那种传统小竹车推着他，穿过我们家胡同，七拐八拐，最后绕到长安街上。

这条线路我非常熟悉，是平时傍晚父母带着我遛弯儿走的路——我们会先走到北京电报大楼跟前的小广场，紧挨着长安街。这里空间开阔，除此之外还有一样很特殊的东西，就是钟声。每到整点，电报大楼楼顶的大钟会播放一段非常有标志性的乐曲。我发现在很多传统城市，通过钟声、乐曲，或者巨大钟表运行的声音，都能给人一种超脱建筑形象与空间、超越具体物质的精神体验，而这种感官记忆往往历久弥新。

到达长安街后，我推着他由西往东，与之前从我奶奶家出走时坐的公交车路线逆向而行，一直走过了中南海南门，继续往天安门方向前进……这次行走，远超出了我和爸妈遛弯儿的区域。虽然路线很简单，但所体验到的空间感，与我之前坐在公共汽车上的视觉感觉完全不同——原来长安街那么宽，好像黄河、长江一样，感觉永远也跨越不过。

对比胡同的小尺度，尤其是与渺小的人的身躯相比，这巨大的空间给我带来强大的震撼，以至于我局促地只敢沿着中南海墙边走。路上很多成年人用奇怪的目光看着我俩，于是，还没走到天安门广场，我们就掉头往回了。

回到我家院子的时候，估计已经过去了好几个小时。一堆大人站在胡同口，院子周边都沸腾了，所有人都在焦急地寻找着两个消失的孩子。我的印象是：突然一批大人冲过来，分别把我和那个孩子抱起来，然后迅速又分开了。回到家，我心里窃窃发笑，觉得这些大人未免太小看我们了。我猜我的小伙伴肯定也是第一次有这样的经历，他应该会感到很满足、很威风吧。因为这一次经历，这个城市不论是我熟悉的居住环境，还是不熟悉的新街道，以及长安街那种超尺度的地方，都让我感到非常有意思，特别想再去探索。

北京

3 岁半的我，1979 年

我后来对连接东西城的这条线路变得异常敏感，还有那条位于北京中轴线上，分割东西两个行政区、位于鼓楼前的地安门外大街。站在这条马路上，你可以一只脚踏在东城，另一只脚踩在西城。成为建筑师后，我才明白长安街的那种巨大尺度，其实包含了不同层次的含义。

一是仪式感。常言道，"条条大路通罗马"，古代帝国往往都有一条充满仪式感的大街。很多苏联的专家参与了新中国成立后北京城的早期规划，所以很多重要建筑的设计，包括天安门广场，都有苏联建筑的影子。它们投射出的仪式感代表着国家首都的城市形象，建筑中还可见古希腊和古罗马大柱廊石头建筑的痕迹。

另一层含义与汽车有关。汽车曾被认为是现代社会先进生产力的代表。如果一座城市拥有适合汽车行驶的道路系统，大概就被认为是现代化城市该有的样子。虽然当时长安街上的汽车还不多，但是这种通汽车的大马路与过去那种以人的尺度为主的窄小街道不同，甚至可以说长安街就是中国城市街道为了汽车而设计的开端。有意思的是，今天我们已

北京

1. 1979年9月27日,23位年轻艺术家自发在中国美术馆外小花园举办露天展览。这是"星星美展"的第一次展览。焕然一新的作品在北京引起了极大轰动。"星星美展"在现代艺术史上具有重要意义,它提出了绘画要"重新回到创作的中心,回到构成创作的理由中"的理论,被普遍认为拉开了中国当代艺术的序幕。

经开始质疑这种城市规划了,觉得不应只考虑汽车,而更应回归到人的需求。

北京城之于儿时的我,是一个大的游乐园。我的小学是在美术馆后街小学上的,每天放学后就会跑到美术馆旁的小花园玩。后来(1979年),这里发生了中国美术史上很重要的事件,"星星美展"[1]。还记得我们常从美术馆后院翻越围墙进馆,看了不少的展览。虽不是正大光明地走正门,但确实受到了美术馆艺术气息的熏陶。有一次,我看到很多油画作品放在美术馆后门,估计正准备入展厅。我好奇地凑近端详,发现颜料竟还未干,就很淘气地用手去摸。估计这动作让那些写实作品都变成了抽象画。

小学时参加了位于景山的北京少年宫的航模小组。当时少年宫里有各种不同的兴趣小组,但要经过考试才能进入。航模小组可以设计和制作飞机模型、轮船模型。有的老师竟做出了能上浮下沉的自动潜水艇模型,太酷了!北京真是人才济济的地方,有各种奇人。少年宫离我的学校约两公里,放学后我通常坐两站公交电车过去。

上:"星星"艺术家在中国美术馆前留影,1980年,前排左起:曲磊磊、李爽、钟阿城、马德升;后排左起:王克平、严力、黄锐、陈延生

下:星星美展现场,1979年

有一次，我从学校坐电车到了景山，下起了暴雨。我没带伞，心想这么大的雨今天应该没有活动了，于是又跳上一趟车往回坐。两站后到美术馆，发现这边的天是晴的；我以为雨已经下完了，就又跑到马路对面坐车回景山。没想到就那么两站地的距离，景山居然还在暴雨中。一时间，我觉得这个城市太有意思了：一边晴空万里，一边瓢泼大雨；一边是阳光下的山，一边是暴雨中的山。我猜是山影响了气候。现在回想，那时的北京没有雾霾，夏天经常下雨、出彩虹，非常漂亮。

冬天，我会去爬景山。从景山顶极目远眺，雪不仅覆盖了景山，还盖住了整个北京城，紫禁城、鼓楼、北海，整个城市白茫茫的一片。那时的老北京城内基本没什么高层建筑，跟今天看到的景观不一样，整座城市低矮、平坦，山显得很高。雪后，整个景山的地面变得很滑，下山是屁股坐在地上滑下去的。每次离开景山后，我和小伙伴们会穿过马路到故宫边上的护城河滑冰。这个我印象特别深，我们要跳过护城河的石墩，通过河沿内一个小台子再跳到河面的冰上。有一次，一个小伙伴跳的时候把冰面踩碎了，下半身直接进到水里。说时迟那时快，我一把把他拉了上来。因为下过雪，冰面是白色的，我们就躺在宽阔的护城河冰面上晒太阳，想把湿透的裤子晒干了再回家。

什刹海是我学会游泳的地方。它算是一个公共浴场。每次游完泳，最高兴的就是在什刹海边上吃东西。印象深刻的有两种食物，一是煮老玉米，我的最爱；另一样就是老北京豆汁儿——作为一个北京人，自从那会儿在什刹海喝了第一口，往后我再没喝过。

对于在北京胡同里长大的孩子，童年的一切都充满了乐趣。北京城就像一处超大型园林，虽然很多山水之处曾是皇家之地，但这些地方开放后，让生活在这里的人与山水更加融为一体。老北京的胡同和四合院与人的尺度匹配，属于典型的宜居模式，尤其当人在城里游走，移步易景——通过步行便能徜徉于"山"和"水"之间。老北京的这种城市布局，其实就是一种"山水城市"的结构，是中国人在古典城市中追求理想山水生活的极致体现。

北京

北京城鸟瞰图

1. 燕京小八景，也称后燕京八景：南囿秋风、东郊时雨、银锭观山、西便群羊、西安双塔、石幢燕墩、白塔晴云、西涯晚晴。

"山水城市"来源于中国的山水文化，人在城市里的生活与自然之间有一种和谐合一的特殊关系。中国古典园林中，亭台楼阁、草木花石成为艺术和精神的高度象征。人不只习惯山水花草这些自然里的物质存在，还能通过其营造的"天地人合一"的意境直抒胸臆，表达自己对理想世界、人生及生活的思考及精神向往。

中国城市里被称为"山水"的自然，部分并不是原生的自然，而为人造。比如景山，它位于北京中轴线上，是紫禁城之阴的一座人造小山。登顶景山可以俯瞰紫禁城和整个北京城，从故宫西侧开始的内三海、外三海——六海的整体轮廓显然是古代智者精心设计的结果，以至于有了"太液秋风""琼岛春阴"这些别致独特的景色。而被称为"燕京小八景"[1]之一的"银锭观山"，巧妙地通过银锭桥这么一座具备城市功能的桥，将西山倒映于河面，创造了一种诗情画意的氛围。类似这种蕴含智慧及匠心的意境之美，我认为就是城市精神的高度浓缩，也是整个社会文化修养的体现。如果相信空间可以影响人，那么在这样的环境中成长和生活，肯定也会潜移默化地受到滋养。

我之所以将老北京称作儿时的游乐园，大概也是因为在我还是孩子的时候，这座城市的丰富多样深深打动并启发了我。那时，我跟城市互动的方式有很多，不像现在很多城市功能主义至上，虽然先进、尺度巨大，但太多方面以功能布局，令人与城市的互动变得简单甚至单调。

为什么现代城市偏单一功能？它的趋功利性是如何产生的？实际上，背后的逻辑非常简单。对比现代城市与古典城市，其中一个根本性不同就是现代城市为资本和权力所支配，而古典城市尊敬、赞颂精神信仰并以其作为建设根基。现代社会随着经济模式的统一和增强，城市所呈现的样式也会趋于单一，往往非常直白、功利，容易被看透。这样的城市仅仅是一个经济模型，不能够表达和传递不同层面尤其是精神层面的东西，而那些精彩的城市以及城市建筑之所以能够成为宝贵的文化遗产，皆是因为它们体现了某个时期的人类文明之丰富。

作为现代建筑师，身处今天这个更大、更同质、更扁平的世界，我认为应该在城市建设中去关注人，赞美人性，表现人的独特性。为了让这种人文性发光，城市规划必须从城市的多样性切入，重新梳理个人与权力之间的关系。然而很多时候，尺度越大的城市，其规划却往往是自上而下的模式，这种模式常常缺少了人与城市多元互动的可能。

老北京的城市规划，实际有两个方向的碰撞：一是"自上而下"的强性规划意志。封建社会时期，北京以中轴线展开的城市格局最大化体现了对父天母地、大一统社会尊敬、颂赞和绝对服从的意识形态；以紫禁城为主的中轴线建筑群凸显的是皇权的仪式感，这样的布局赋予建筑对信仰、对精神、对美的追求，其核心是使集权统治得到强化。

与此同时，还存在着另一个方向，便是"自下而上"的自然生长模式。北京胡同四合院里的生活，包含着不规则和无规律可循的多样性，其传统的居住形式与现代城市整齐划一的统一规划有很大不同。今天中国人居住的住宅区大部分是托拉斯模式的结果——巨大的资本将住宅变成了不停被复制的产品，却忽视了不同区域、不同文化、不同个性的人的内在丰富层次。面对全国大量的住宅区样式趋同，人们只能接受而没有可能主动参与创建自己理想的居住环境。

对一个城市来说，如何平衡这两个方向对人的生活产生的影响？其实，"自下而上"和"自上而下"同等重要。今天，在发达国家，由民众参与的民主化城市建构经常被提到，其正是自下而上的现代化体现；在快速发展的中国，民众参与城市建设的意愿和表达途径还远远不够。

在某种程度上，人类文明每个阶段的发展都需要有一群人，能够勇于脱离日常现实束缚大胆前瞻，并带领时代前行。这群人或许是思想家、哲学家，也或许是艺术家、建筑师，他们不只是简单地提供服务，他们更应是思想的提出者，能够描绘人类未来走向多种可能性的先行者。

城市规划亦然，一个城市的形成需要时间，且城市服务的对象不仅限于眼前的一两代人，还包括数十年后甚至千百年后的人们。一个城市当下的面貌，正是不同时期人类想象力和理想叠加的体现。老北京的城市形态对于今天

1. 贝聿铭（Ieoh Ming Pei，1917—2019），出生于广东广州，祖籍江苏苏州，美籍华裔现代主义建筑大师，1983年获得普利兹克奖。代表作有巴黎卢浮宫金字塔、美国国家艺术馆、肯尼迪图书馆、香港中银大厦、苏州博物馆等。
2. 路易斯·康（Louis Isadore Kahn，1901—1974），生于爱沙尼亚后移居美国，20世纪美国最著名的建筑师之一。代表作有索尔克生物研究所、孟加拉国国会大楼、耶鲁大学美术馆等。

的城市规划具有巨大的启发意义，不仅在美学层面，还在于规划的方法。如果我们把城市作为承载梦想和理想生活的模型，那就需要更具理想主义色彩，才有可能让未来城市达到一定的精神高度。唯有这样，现代城市才能媲美古典城市，有机会成为具有普遍意义的文化遗产。

我是很偶然地开始学习建筑的。

从小我就喜欢画画，画了不少漫画，后来想学电影，无意中却被电影学院的老师推荐学建筑。当时的北京城没什么新建筑，我上初中的时候刚从四合院搬家到一个所谓的"现代建筑"里，就是那种很常见的、六层楼高、没有电梯的砖混结构的房子。这在当时算是高层建筑。像贝聿铭[1]、路易斯·康[2]，他们都是因为看到居住的城市中的一些具体建筑而被激发了学建筑的热情，而我当时看到的主要就是北京的古典建筑，说实话，对再去建亭台楼阁，我没有太大兴趣。

真正对建筑感兴趣是上大学后。在学校图书馆，我看

大学时期的我，1996年

了很多国外建筑期刊。杂志里出现的建筑简直就是另一个世界——不同的建筑思潮、不同的建筑风格,带给我十足的视觉解放。印象最深的是,我在大一时看的一本书——《百名建筑师的传奇故事》,它讲述了一个时代的建筑大师不同的美学思想和价值观念,以及他们完全不同的作品风格。由此我意识到,什么是好建筑,没有绝对的标准答案,建筑可以表达自我,也可以表达不同的文化观念。

当我越来越频繁地在这两个世界中切换时,心里竟涌起改变世界的冲动。我不停地反问自己:如果城市和建筑代表多元的精神和思潮,为什么身边的城市会如此单调无趣?说来也巧,就在我一直困惑于这个问题的时候,遇到了一个机会。也是这个机会,让中国建筑第一次迎来剧变。

1998年4月,中国政府举办"国家大剧院建筑设计方案国际邀请赛"。这是改革开放后国内首次举办国家文化地标国际设计赛。很多外国建筑师都摩拳擦掌欲比高。当时我在北京建筑设计研究院实习,有幸跟随总建筑师魏大中先生参与了竞赛。魏先生是德高望重的建筑专家,特别

1. 保罗·安德鲁（Paul Andreu，1938—2018），法国建筑师。代表作有法国巴黎戴高乐国际机场候机楼、中国国家大剧院等。

是在剧场设计上造诣极高。剧场本就属于特殊建筑，再加上国家大剧院位于天安门广场，位置的特殊又让这个项目超出了"剧场建筑该怎样设计"的范畴。

早在1958年，新中国规划建造一批重要建筑（人民大会堂、历史博物馆、革命博物馆等），周恩来总理曾指示大剧院选址"以在人民大会堂以西为好"。因为这个位置的敏感性，所有人都意识到建筑的姿态和形象，以及它与周边环境的关系将异常关键。我记得，包括北京建筑设计研究院的很多参赛方案，为了与人民大会堂在视觉上协调，都提议大柱廊的建筑形式。以至于后来当大家看到保罗·安德鲁[1]的中标方案是一个简洁的、卧在水中的穹顶建筑后，争议从四面八方纷至沓来。

2000年中，多位中国的院士、知名建筑师、规划师及工程师联名上书，请求中央撤销安德鲁所设计的国家大剧院方案。反对理由主要在于，一是与周边环境不协调，二是存在很大的安全隐患，三是没考虑到北京的气候特点，四是建筑将造成财力和资源的巨大浪费。

在我看来，这个项目的重点是建筑跟周边历史环境的关系，这个简洁的穹顶建筑到底跟天安门广场会产生怎样的关系？剧院建成后我去看演出，身处这个大穹顶里的体验非常好。当时三个剧场都有演出，上千人进入建筑，好似全北京喜欢音乐、戏剧艺术的人都聚在了一起。穹顶之下，人与人之间产生了独特的心灵凝聚——身处同一空间的精神共振。

穹顶建筑的另外一个亮点是外围水面，也非常巧妙。东西长安街上的大部分建筑物都是通过建筑立面体现形象，无论是理性含义还是建筑风格，这与任何一地的任何一条商业街没有本质区别——都只是通过建筑立面做文章，而非创造体验。但国家大剧院通过制造水面和树林，将建筑物后退，让走长安街经过大剧院的人看见树木、水池，以为此处是一个公园。这就避免了建筑跟天安门形成直接的关系，反而创造了一个独特的艺术、自然和人的交互场所。更重要的是，国家大剧院的意义在于，当中国从封闭走向开放，它代表了中国城市空间新的可能性。它改变、革新、创造的姿态，也从另一个侧面开启了整个国家文化开放的时代。

我无法想象如果当时各种折中主义、大屋顶、大柱廊的做法再次上演，那今天的中国、今天的城市会不会更加中庸、保守，在缺少创新思维的气氛下，我们今天的生活将会是怎样一番景象。国家重要的大型建筑总是与政治和文化生态相关，就如人民大会堂、毛主席纪念堂和历史博物馆等，大柱廊的建筑形式并不见得最好，但它代表了那个时期的思维模式。人民大会堂设计工期紧迫，周恩来总理希望建筑师们"在建筑艺术形式与风格上要'中外古今，一切精华，含包并蓄，皆为我用'"，于是，人民大会堂的设计借鉴了柱廊等西方古建筑的样式。柱廊这种形式最早出现在古希腊的神庙建筑上，是西方石头建筑的一种工艺和结构样式，后来成为西方建筑的主要特征。古典柱廊式建筑在古希腊、苏联、美国等地都有，所以它其实算不上是苏联建筑形式，并且与中国的建筑形式、传统建筑，甚至毗邻的天安门都毫无关系，只是恰巧代表着那个时期的思想。

北京

中国国家大剧院位于北京市中心天安门广场西，人民大会堂西侧；外观呈半椭球形，由主体建筑及南北两侧的水下长廊、地下停车场、人工湖、绿地组成；内设有歌剧院、音乐厅、戏剧场、艺术展厅及配套设施

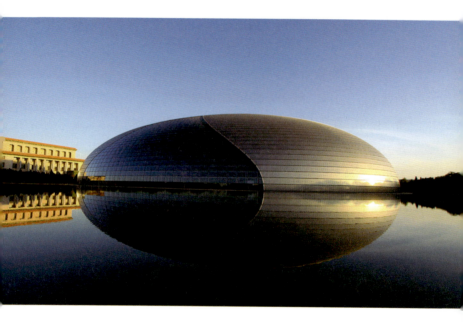

由国家大剧院发起的首次国家文化地标国际竞赛,开启了一个新的建筑黄金时期,为后来在北京诞生的一系列成为世界典范的新建筑,提供了良好的土壤。2008年北京奥运会产生的北京十大新建筑,以及后来中国进行的城市革新,顺理成章地成为全世界关注的焦点。

不过,也有一些不同的声音,"中国成了世界建筑师的试验场",这颇有讥贬的意思。实际上,哪个文明辉煌的时代,它的城市建筑不是全世界的试验场呢?若能吸引全世界最具创造力的人在这里进行创作和革新,这本身便证明了这个时代的吸引力。

2008年北京奥运会时期,建筑首次作为文化形式进入了大众的生活。鸟巢、水立方、央视大楼等每个作品都产生了很大争议;大家开始谈论建筑,讨论自己对文化的理解——对建筑、文化、公共性的理解以及对城市的理解。由建筑引发的这些讨论和争议,正是对旧思想直接有力的挑战。

国家体育场"鸟巢"的结构也极具创新性。它通过看

北京

1. 雅克·赫尔佐格（Jacques Herzog，1950 年生），瑞士建筑师，与事务所搭档皮埃尔·德梅隆（Pierre de Meuron，1950 年生）获得 2001 年普利兹克奖。代表作有德国慕尼黑安联足球场、中国国家体育场、汉堡易北音乐厅、香港 M+ 博物馆等。

似无序的结构杆件形成整体的建筑形象，设计成屋顶可开启的体育场造型。名字起得也好——"鸟巢"——既形象又有寓意。中国人理解事物的这两种传统方式，一直延续到现在。大家总喜欢给建筑起外号，基本上都是从形象和寓意去看待和理解建筑。

"鸟巢"建设之初，也受到了很多建筑专家的批评，说建筑用钢量太大，过于浪费。赫尔佐格[1]作为其设计师其实很冤枉，因为原始设计是按照整体带可开启的屋盖的要求去做的，但由于提倡勤俭办奥运，最后只好取消屋顶降低造价。在这种新要求下，钢结构就显得有些沉重了。大概是因为名字起得好，人们最终接受了它。

每一次新建筑所迎来的反对声音，看似都是关于造价和建筑专业的问题，但这一切的根本其实与建筑业界紧紧关联，因为新建筑思想经常挑战传统学界的保守和封闭。反对的声音很少聚焦在人文层面，比如建筑对城市成长和文化的长期影响。这是建筑的核心，却很少有围绕这个核心所展开的讨论。

中国国家体育场,别名"鸟巢",位于北京奥林匹克公园中心区南部,为2008年北京夏季奥运会及2022年北京冬季奥运会的主体育场,由赫尔佐格&德梅隆建筑事务所与中国建筑设计研究院联合设计

北京

1. 雷姆·库哈斯（Rem Koolhaas，1944年生），荷兰建筑师，2000年获得普利兹克奖。他与他带领的大都会建筑事务所（OMA）的代表作有中国中央电视台总部大楼、西雅图中央图书馆、鹿特丹大厦、鹿特丹建筑中心、台北表演艺术中心、波尔多住宅等。

    另一个值得讨论的作品是中央电视台总部大楼。央视大楼后来被大家戏称为"大裤衩"，一个充满力量感的、强大纪念碑式的建筑一下子就被消解了，这很荒诞。从建筑本身来讲，大楼的设计者库哈斯[1]很明确地提出了对现代主义城市的批判。我记得他在投标文本中写道：北京的CBD高楼林立，复制着美国现代城市的形象——摩天楼拔地而起，想象力轰然倒塌。在库哈斯眼中，他不但要去批判传统摩天楼的垂直向上的模式，甚至还要建立一个倾斜的纪念碑。

    面对新建筑，很多人甚至包括业界，更倾向于从形象和寓意方面去解读、去批判，我却更愿意去评价建筑本身所带有的批判性的力量。请允许我提出几个问题：我们愿意重复北美的模式吗？是否有能够代表我们社会和城市理想的新型城市和城市空间，它们是什么样的？能对过去决绝地拒绝和批判，且具有革命性的设计是什么样的？批评完库哈斯以后，我们仍然建设了一个和美国差不多的、没什么想象力的CBD，不是吗？

我认为库哈斯的作品中所表达的那种扭曲力量，和这个建筑本应赋予央视要表达的意义并不相符。这也让我反思建筑师的工作。传统的技术型建筑师对城市问题缺少批判性思维，也就很难有真正让城市改变和进步的力量；但同时，抱有批判性思维的建筑师也不应仅限于去表达批判，而更应去回答问题，去寻找具有建设性的、积极的应对方案。

央视大楼引出了批判，提出了问题：为什么中国城市想要去复制美国的现代城市？现代建筑应该是权力和资本的纪念碑吗？但它同时也把问题放大了，直到今天，仍然有很多人在讨论、思考它引发的问题：

若想象力日益枯竭，我们该怎么办？

1. 建筑电讯派（Archigram）成立于20世纪60年代，由毕业于伦敦建筑学院的学生和年轻的建筑师构成，以富有先锋色彩的实验主义设计手法而闻名。
2. 1966年12月，正在佛罗伦萨大学学习建筑的克里斯蒂亚诺·托拉尔多·迪弗兰恰（Cristiano Toraldo di Francia）与同学阿道夫·纳塔利尼（Adolfo Natalini）创立了"超级工作室"（Superstudio）。工作室参加了"超建筑"（Superarchitettura）的首次展览并一举成名，成为20世纪七八十年代世界最具影响力的激进派建筑小组。
3. 1960年5月东京召开了有26个国家的设计师参加的世界建筑师大会。大会期间，以日本青年建筑师为中心成立了"新陈代谢派"，为之后日本建筑走向世界提供了契机。

    2008年北京奥运会举办前，中国的新建筑已经成为全球热门话题。当所有的注意力都集中在2008年，有人想过奥运之后吗？那时，中国的城市和建筑又会是什么样？

    2006年，我的工作室刚成立两年，还没有实际建造的机会，更别说那些大型奥运项目了。尽管如此，我还是觉得探讨城市未来非常重要，于是我做了一个设计："北京2050"。

    虽然离2050年还有些远，但并非遥不可及。在过往学习建筑的过程中，我很佩服那些学术先锋极具理想主义的空想式城市畅想。欧洲过去有建筑电讯派[1]和Superstudio[2]这样的年轻建筑师组织，日本也出现过"新陈代谢派"[3]这样的学术创作潮流。他们都是以超前的、理论化的空想主义作品搅动和启发建筑思想。

    我畅想北京在与现实有时间跨度的未来可能变成的样貌；更确切地说，是我对北京未来的愿景——把天安门广场变成森林公园，把原本充满仪式感和政治象征意义的空间变成更人文、更开放、更自然的场所。

北京

北京 2050·天安门人民公园

天安门广场几十年的变迁是国家意志的反映,随着城市现代化的进程,未来的交通或将不再依赖城市地表,而转为空中或地下;政治性集会和阅兵也不再需要大型的空间,大量的城市文化设施将放置地下与便捷的交通相连;设想 2050 年,在结束了其政治和交通两大功能属性后,天安门广场或将变成一座森林公园,不仅进一步成为人民文化中心,也将成为北京城最大的绿肺

对中国城市来说，种树并没有多大的挑战。它的挑战来自人们对空间的认知。历史上，这个空间本不是广场，是新中国成立后规划为现在的天安门广场。周恩来总理曾特意说，广场与长安街之间不要有路肩，要让广场成为向人民开放的广场。很多重要的国家仪式在这里举行，这个空间见证了国家的变迁，同时也与建设初衷渐行渐远，越发成为不能让市民自由共享的城市空间。

在提案里，我利用了天安门广场地上与地下的空间——地下是设置了图书馆等不同的文化设施的市民空间，地面种树成为森林公园，希望这样的空间设置会让人们对城市中心的定位及其开放性、人文性产生新的认识。如果提案能实现，那么现时中国大小城市的政府大楼——大台阶、大广场、中轴线的思维模式，都有可能会被逐渐改变。

在"北京2050"里还有另一个提案——"胡同泡泡"，它与奥运时期那些具有纪念性的巨大建筑项目形成很大的反差。

这个设想以"有机针灸"的方式去应对胡同和四合院的改造、老北京的城市更新。我想将传统四合院缺少的功能，如卫生间、厨房等以一个个"泡泡"的形式嵌入胡同、四合院内。这些"泡泡"像是一个个小水滴，呈分散的布局，起到针灸式的有机更新作用。我希望通过这些"泡泡"，完善老城区的生活功能，让新的家庭、年轻人重新考虑生活于这样的传统街区中，以真实活跃的城市生活带动城市更新。

"泡泡"使用的是具有反射性的金属材质，与胡同里那些重复应用老建筑材质和形式元素的假古董不一样。它本身不带有任何文化符号，以抽象消隐的方式与传统建筑并置，新与旧产生相得益彰的对话效果。

梁思成先生曾提问北京"中而新"的建筑该是什么样子，后来有北京市市长提出要夺回北京的古都风貌，认为就算是现代城市也要有所谓的古典城市的意象。所以如果仔细观察，会看到那个时期建造的现代建筑大都顶着坡屋顶，或者在屋顶置一座小亭子。这些都是表象的折中主义做法——把传统建筑和现代西方建筑的外形元素混杂在一起，生成一

北京

北京 2050 · 胡同泡泡
北京的胡同是旅游者的天堂,但却是住在那里的没有淋浴和卫生间的北京人的地狱;我希望2050年的胡同可以拆掉一些老房子,也可以在老城区中新建一些更符合现代生活的建筑,在尺度和空间上与老房子相呼应;重要的是人的生活,而不仅是传统的形式

种奇怪的杂交建筑。这就会引出两个问题：一是，杂交建筑只是两种现成物的混合体，它本身并没有产生对未来的新探索；二是，杂交体展现的是表象而不是内在。

中国传统建筑其实有非常丰富的内在追求。我们与西方建筑和城市的本质不同之一，就在于中国传统建筑对环境、自然的看法。中国未来建筑的生命力应该依托于更富哲学价值观的内在。老舍曾说，"老北京四合院的美在于它的'空'"。这句话清楚地揭示了东方建筑的特征——院落以"虚空间"为核心，而建筑围绕在院子周边。院子才是人、生活与自然发生关系的地方，这才是生活的核心，而不是建筑的样式和材料。

反观西方，他们以建筑本体作为核心。如果有一块地，西方往往把建筑放在中间，周边是空间环境。这就意味着环境对于他们来说是次要的。因为在他们的认知里，建筑代表人的主题；人，才是空间和世界的主宰。

无论是园林、皇家宫殿还是城市，东方建筑追求在"空"里发生人与自然的对话，以及产生相对应的精神价值。因此在传统的街区中，如何保护和升华"空"至为重要。而围合这些"空"的建筑物，更多只要符合功能、时代技术的特征，就无须不停地重复。有段时间，我们认为保护古都风貌就是要不停地重复古典的坡屋顶、灰瓦，以至于建了很多假古董。这期间，各个领域的这种"寻根"努力在形式上做了很多滑稽的操作，有服装设计把代表紫禁城的元素直接复制在衣服上，但这些方式并不能找到中国设计的未来出路啊！

虽然"北京2050"在当时完全是建筑师的狂想，但后来有位"老北京"关注了这个设想。可能是他对北京的情怀与我的想法产生了共鸣，他希望实现"胡同泡泡"。2008年，在北兵马司胡同的小院里，一个卫生间"泡泡"建成。这等于提前四十多年实现了"北京2050"的想法。

记得建造过程中，有一位住在附近的法国老太太，她特别喜欢中国文化，当她发现有人在院子里建造了这么一个超现实的东西，批评说：你们中国人不懂自己的传统建筑的美。于是，我跟她聊起巴黎的卢浮宫加建，以及其他古典城市中新老建筑的发展和传承……但她并没有被我说

1. 冈仓天心（1863—1913），日本明治时期美术家、教育家、思想家，日本近代文明启蒙期最重要的人物之一。强调亚洲价值观对世界进步做出的贡献。

服，直至"泡泡"完工，我邀请她来。她发现"泡泡"虽然新颖、抽象，但并不仅仅局限于造型。由于使用反射材质，泡泡自身的形体完全隐在环境中，它反射了周边景观，展现出对传统环境的尊重。新泡泡与老建筑产生对话，创造了新的时空。而新时空，让传统不只囿于外在，而成为真实的生活、流动的时间线、活的历史。她终于慢慢喜欢上这种设计。

我想到日本明治维新时期的美术家冈仓天心[1]，他在自己的著作《茶之书》里，通过讲述日本传统茶道，探讨在时代变化中该如何在传统中寻找日本美学精神的核心，而非仅仅停留在视觉元素的表面。他著书的背景正是日本传统思想与美学观即将与西方现代化相遇的历史阶段。他彼时的思考对今天的中国具有重要的参考意义。在中国近现代很长的一段时间里，发展的思路大多停留在视觉和元素表达的层面上，呈现的多是折中主义的态度。如何从最根本的思想、美学传统中发展出不同于西方的、符合当下时代的新创造才至关重要。

位于北京老城区的北兵马司胡同小院里的"胡同泡泡32号",是一个加建在胡同四合院里的卫生间,它看上去像是来自外太空的小生命体,光滑的金属曲面映射着院子里的老建筑、树木和天空,历史、现在、未来共存于一个梦幻的世界

"胡同泡泡"虽然只是大北京城里的一个极微观的项目,但它承载着宏大的理想。对我而言,当面对由北京奥运开始依次建立起来的充满纪念性的、巨大新建筑的新城市时,我开始思考个体和其所处的时代及历史的关系。我在北京长大,我属于这个古老的城市,但同时我们也是一个个生机勃勃的新生命。

北京

如同水滴一样散落在北京老城区的"胡同泡泡218号"

距离"胡同泡泡"过去了差不多十年,我也成了一个有机会建造大型城市项目的建筑师。但挑战仍摆在眼前。当城市越来越大,人口密度越来越大,我们不再可能去重复建造小尺度的胡同和四合院时,如何使城市的特征和精神延续及发展?2012年,在北京,一个关于"山水城市"概念的建筑——朝阳公园广场开始建造。

我设计了一组水墨画般的建筑群,意在将超高层建筑和中国艺术中的山水意境结合。它究竟是人造的还是自然的?是建筑还是山水?

中国"山水城市"将人工和自然结合,是由人工所创造的自然意境。与此相反,在西方人的认知里,自然只是一个课题,所有的人造物与自然无关。我想通过朝阳公园广场,把自然与高密度的城市和现代建筑结合在一起,从形式上和空间上创造出新的意境。由于它处于朝阳公园的边界,我期待墨色山水建筑也能打破自然和城市的边界,希望人们当身处朝阳公园中时,看到的建筑就像是自然的一部分,可以把人对自然的感受与现实的城市连接到一起。

朝阳公园广场手稿

朝阳公园广场建筑群体现的峰峦古朴的景观元素同时也成为某种空间的暗示——人们从闹市进入安静的"山谷",感受尺度怡人的、流动的城市环境。这种体验让人仿佛进入古典山水画中,产生与现实抽离的陌生和神秘之感。

每次谈到山水理念在现代城市中的探索,我都会提到钱学森先生。他曾提出"山水城市"的概念,认为中国的传统城市展现了人与自然的对话,但西方现代城市显然不是……后者把建筑当成空间考虑,与东方传统文化将人工环境自然化的理念截然不同。让他更为忧虑的是,当时的中国城市正往西方现代主义城市形态发展,处处建造着钢筋混凝土的森林。他曾与一些中国建筑学家就"山水城市"这个概念做过交流,其中一位是艺术家、建筑批评家王明贤先生。

王明贤先生创作过一系列作品,将中国经典山水画作重新用西方的油画技法呈现,并在每一幅作品中置入一处北京的新建筑,包括被称为"鸟巢"的国家体育场、被称作"水煮蛋"的国家大剧院和被戏称为"大裤衩"的央视大楼

左：钱学森先生关于"山水城市"写给清华大学吴良镛教授的信
右：《山水城市》，马岩松著，广西师范大学出版社，2014年10月

北京

王明贤先生将朝阳公园广场置入山水画中

等。"朝阳公园广场"也被他放入了一幅古典山水画中,没想到墨色建筑和传统的山水画语境如此融洽。

然而,现实却相反。由于大多现代建筑所呈现的那种坚硬的几何体和传统的中国画意境通常是非常不协调的,朝阳公园广场的山水建筑与周边现实的建筑环境并不像画里所表现的那么和谐,甚至有种强烈的反差,因此引起了很大争议。有人觉得这组建筑特立独行、突兀,与周边不搭;一些建筑专家、规划专家甚至提出要根据周边环境调整建筑的颜色和形式。

周边的这些建筑,像墙一样围住朝阳公园,一排一排的高楼,将自然景观当作资源去霸占,追求着最大的商品利益。它们大概从没考虑过跟城市空间、文化语境的联系。老北京城几百年来所尊崇的建筑与自然和谐统一、你中有我我中有你的价值观,在现代粗放的城市发展中都失落了。用历史的眼光看,它们应该是个错误。后续该如何去"协调"?难道继续延续这种错误?或许,我们需要的恰恰是一个转折点。

北京 朝阳公园广场街景

在北京做新设计，很难不考虑与传统建筑的关系。我有一个作品，乐成四合院幼儿园——将新建筑和具有数百年历史的老四合院结合在一起，形成了一个整体的建筑空间。新建筑应发展传统文化的内涵，而不是重复传统建筑的形式。

初入场地，除了数百年的传统建筑外，还有一批貌似老建筑的假古董。它们有着混凝土结构的坡屋顶，但无论是空间制式还是氛围，都没有古典建筑的那种美，完全是蹩脚的新建筑做法。这种现象在中国很多地方都很常见：以复制传统或粘贴古典元素的方式，表达对传统所谓的"尊重"，就好像有人说尊重自己的爷爷，然后穿戴着爷爷的衣服、鞋和帽子，再在脸上贴上假胡子。这是尊重吗？爷爷活着，恐怕也不会很看得上这样的孙子！

我们做的第一件事，就是把这些假古董拆掉，取而代之的是围绕老四合院建一个有着平屋顶的新建筑。我把屋顶设计成略带起伏的红色平顶，作为孩子室外活动、奔跑的场地。因为新建筑是一层高，所以站在老四合院的院落中向外、向上看时，并不会看到新建筑。新建筑的形式隐藏了，成为纯粹的空间体验，因为它甚至连建筑立面都不存在，但它有院落，有舒服的人体空间尺度。新建筑里所有的教室是完全开放式的，人在其中可自由穿梭，实现了孩子与孩子之间、老师与孩子之间的顺畅互动。这与传统幼儿园封闭教室的模式完全不同。

幼儿园内的庭院空间，某种意义上是对传统四合院内在空间模式的传承。这些庭院空间是内向的，有树木花鸟，还可以帮助建筑采光通风，人们在其中活动而成为建筑的核心。这种对传统建筑空间形态的传承并不直接体现在建筑的表象和风格上，但当你在这样的建筑中生活时，你能清楚地感受到它和传统建筑一样对人们情感和行为的一种影响。

如果说"老北京"对应着灰瓦坡屋顶，那么"皇城"对应的就是红色和金色。红色在传统等级建筑中自有其专属意味，而在这个项目中，红色被赋予了全新的含义。我们用红色做新建筑屋顶的颜色，创造了类似火星表面的超现实视觉感。

"三天不打,上房揭瓦",将原本各不相关的场地整合成一体的,是新建的"漂浮的屋顶";屋顶地形连绵起伏,像是火星表面,颜色鲜艳、温暖,充满"魔力",吸引孩子们在此奔跑、互动;面对"火星"、四合院、老树、天空,孩子们乐于在这里"上天下地"

围绕原址上的几棵老树设计了三处庭院，庭院内的滑梯、楼梯，让一二层得以连通，延展了户外空间并创造了良好的采光通风；为了照顾孩童对尺度的敏感及舒适感，室内采用了单元式铝格栅吊顶，稍稍压低视觉层高的同时又增添了温暖感；阳光通过落地玻璃射进室内，可在此近观室外的老四合院，新旧建筑间近三百年的线性历史变得立体

当站在屋顶上，看着距己咫尺的老建筑的灰色瓦片坡屋顶，就像将自己抽身于现实之外去重新审视历史；眼前的画面，弥足珍贵又冷静客观。当从新的角度去察究历史，往往会对历史有更真实的判断，传统建筑也会因为新环境的出现而显得更加独特和珍贵。

在这个空间中穿梭和长大的孩子，会直观地感受到什么是真实的历史，什么是真实的现在，并且了解历史与眼前之间"你中有我，我中有你"的时空关系。如果孩子在一堆让人疑惑的假古董中长大，很难想象心中会萌芽出什么样的世界观。这不该是我们对待未来的方式。

2013年，鼓楼附近一处四合院中举办了一场名为"山水城市"的展览。这处院落原是婉容故居，里面基本是微缩的皇家庭院。之前设计的建筑模型被放置在院落里，与花草树木、山石相伴，呈现建筑与自然的对话，由此延展讨论"山水城市"建筑观。

展览上，一位北京官员和我说："你们讨论了很多关

于美学思想、自然城市的话题，这些能否运用到普通人的居住上？"他还说，"不设计住宅的建筑师不是好建筑师"。这句话我一直记到今天。确实，重要的设计师现在多集中在设计城市标志性建筑，而住宅才是真正构成城市和人们真实生活的啊！想一想，无论是西方还是日本，有很多令人尊敬的建筑大师都曾设计过集合住宅，有的作品还成为他们的代表作。

中国住宅的数量、规模与它应展现的多样性和创新性不成比例，也就是常说的"千城一面"。人类历史上最大规模的城市化运动和建造活动就发生在中国，其中住宅占了大部分。然而全国住宅规划千篇一律、居住模式整齐划一，无论是商品住宅还是社会保障性住房，都没有深入地探讨文化、社区和人性对于居住的重要性。一个偶然的机会，我得到了第一次设计社会保障性住房的项目——在百子湾设计公租房，开始去探讨普通人群在城市中的居住模式和状态。

在调研了北京周边的社会保障性住房项目后，我发现，最大的问题是保障房提供了最基本的居住需求，但并没有形成社区感,更缺乏对社会的融入感,保障房在心理上仍然是一个个被抛弃的地方。社区的围墙让居住者脱离了城市生活。空间的分割造成了人群的分裂,不利于实现社会融合的理想。现实居住中,北京的大院文化和现代化小区所呈现的分割式的社区文化,形成了一个个封闭的区域。每个人像是生活在黑洞之中,城市生活因此被压缩变形。要实现居住层面的社会共融,我认为最重要的方式是打开社区的围墙,让社区内部也成为城市空间。

于是,我们设计了一个没有围墙的社区,城市道路被引入了建筑一层作为商业街区,居住在楼上的居民不会觉得自己被城市抛弃或隔离。同时我们在二层设计了飘浮花园,并通过一系列的连桥把这些花园连接起来,形成可供小区居民共享的社区环境。

2019年社区建成并陆续入住,这个项目被很多人关注并称为"最美公租房",标志着中国社会保障体系所提供的住房开始为了社区内的共融、社区跟城市的融合而去做空间模式新探索的努力已然开启。

百子湾公租住宅打开了社区围墙,引入城市道路;首层临街房屋作为公共生活空间,设置了便利店、咖啡店、餐厅、幼儿园、便民诊所、书店、养老机构等一系列生活配套空间,生活融入社区,社区融入城市,城市尺度更加宜人

北京

百子湾公租房彩绘，12栋住宅楼分成六个组团，一条环形跑步道将六个街区串联成一个整体，连接着健身房、羽毛球场、儿童游乐场、生态农场、社区服务中心等多种面向住户的社区功能设施

在项目中我们还提出了很多想法，例如共享剧场、城市农场、绿色节能建筑，如何在小户型实现良好采光和节能，如何创造良好的社区空间感等等。我们为此提出了名为"新住宅"的运动，希望中国更多有情怀的建筑师能参与到改变中国居住模式的行动中。

2021年《新周刊》的一期专题讨论中，我们由此出发，从不同的维度讨论中国几大城市——北京、上海、深圳和广州的居住现状。在2020年出版的《理想家》中，又进行了关于"中国的城市有爱吗？"的探讨。我觉得可以从三个层次去判断一个城市是否为人而造。

第一个层次：这座城市是否功能方便，考虑到不同人群的实际问题，如残障人士、妇女儿童等弱势群体的使用特点及具体需求，如盲道上的电线杆、过高的路肩、缺少公共卫生间的公园、没有残障人士专用单元的公共卫生间等都是反面例子。

第二个层次：城市空间能否促进社会的共融？城市是大家共有的空间，在尊重各自私有空间的前提下，城市空

间应该倡导多价值、多人群的共享性。所以公共空间的开放性、可进入性等非常重要。

第三个层次：如何真正让人感受到爱和生活的美好？我认为这属于公共空间的精神性。精神性是判断公共空间和城市生活质量的至高要求，就如开篇提到的老北京，一座城市的情感归属、文化核心来自这座城市的精神性，它会持续地影响居住其中的人们——他们的世界观，以及对时间、对历史、对未来的态度。

我最喜欢老北京的一个地方是景山前街和北海公园白色拱桥的交界处，正好也是紫禁城的西北角楼所在地。每天很多摄影师在这里蹲点拍摄。景山前街在这个角特意转了两个弯，如果按现在的城市规划理论来说，这两个弯的存在其实并不合理，因为它降低了城市交通的效率，车在这里需要减速。但实际上这个转角和北海拱桥，却形成了老北京最经典和最美妙的风景。步移景异，这两个弯创造了新的景观，让人在很短的行进时间内就能看到多个美好的画面。这个设计匠心独具、富有情感,把人的感受、诗情画意的精神性作为了目标。然而后来的北京,像平安大街这样一条东西向、单单为行车而修建的功能性马路,则破坏了很多传统的城市肌理。所以,古都风貌该如何保护,是一回事;如何去创造属于中国的新城市,又是另一回事。很多人解读梁思成先生的时候,往往混淆了这两个层面。对老城市、传统的保护,是建筑史学家、历史学家的工作,不仅在北京,即使在历史更悠久的像罗马那样的城市,也需要有很多专业的理论和方法。

如何创造理想中的新城市?从梁思成先生到现在,长期以来遵循的折中主义思路,我不认为具有希望。对未来的创造,一定要根植于对传统的深层次理解,但更重要的,是创造新的、能解决问题的新建筑。我们要传承的是精神,是如爱一般的、看不见的精神性。而对历史最大的尊重,就是相信它有可能结出新果实;把对文化和传统的好奇和理解,融入生命,进而创造出时代新作品。这才是一个文明、一个文化能够持续发展的最重要的因素。

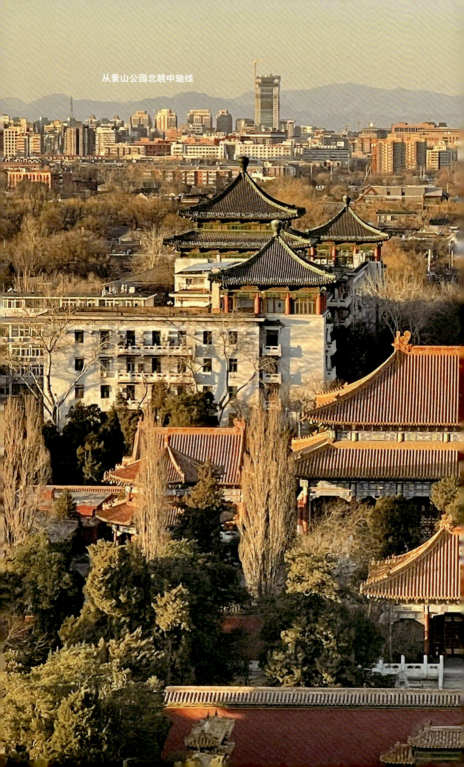
从景山公园北眺中轴线

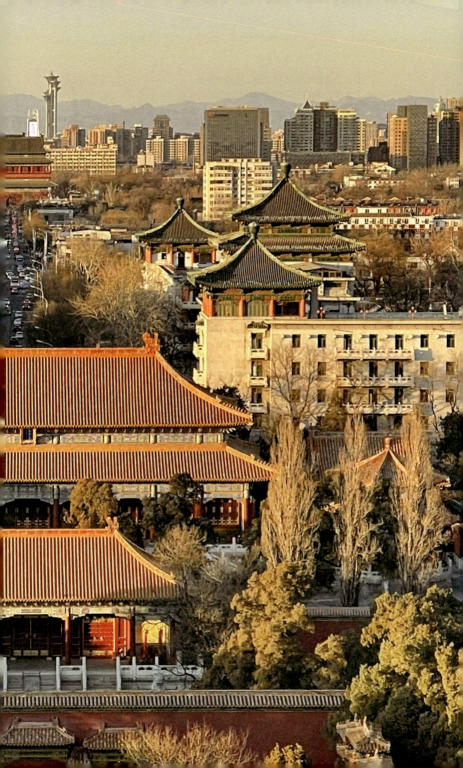

纽约,充满着精彩的人和事,充满了传奇。
在这里,任何的不可能都有可能实现。

纽约

New York

浮游之岛

纽约是一座神奇的城市。在我还没去美国之前,我对纽约的了解是通过电视剧《北京人在纽约》。电视剧讲述的是一群北京人在纽约奋斗和挣扎的故事,剧中有句台词:"如果你爱他,就送他去纽约,因为那里是天堂;如果你恨他,就送他去纽约,因为那里是地狱。"纽约确实是天堂与地狱共存的混合体。

我第一次去纽约正值20世纪与21世纪的交接之年。现在很多年轻人可能对上世纪90年代没什么感觉,不知道从1999年进入2000年的时候,有过一段时间的焦虑,有这种焦虑的不只我一个人,而是整个世界。

当时流传着"千年虫"(也称"Y2K")的说法,传言当世界从1999年进入2000年的时候,电脑运算日期的程序会出现紊乱甚至崩溃,这将导致现实生活中出现不同层面

纽约

连锁式的功能混乱,例如飞机操作系统、军事指挥系统、金融系统等会失能。届时,世界会乱成一团,人类陷入恐慌。面对这么一个貌似确切的传说,1999年要去美国留学的我,便一直盼望着能在当时的世界中心——纽约时代广场目睹这一历史时刻。

每个新年,纽约时代广场大概是全世界最热闹的地方。临近跨年,时代广场高空一个巨大的像是苹果一样的球形装置会随着时间的倒计时,从塔尖缓缓下落,它象征着纽约这座城市的另一个别称,"大苹果"(Big Apple)。

1999年12月31日下午,我来到了纽约。当时时代广场周边十几条街已全被警察封锁。据说那一次跨年盛典是有史以来纽约时代广场最大型的活动,附近区域完全没有汽车通行,只能步行。当天,时代广场满满一整天的节目,估计全天总共有200万人次从四面八方涌入这个狭小的街区广场。还记得,那时候很多人都戴着"2000"字样的眼镜,数字正好套在双眼上,所有人都对即将要跨入的新世纪充满了兴奋和期待。

跨年当晚热闹无比,广场上人山人海,人叠着人,几乎看不到数步之外在发生什么。就在那时,我突然对时间有了全新的认识:跨入新世纪,这本身就已经是挑战了历史上人类的生命极限,更别说跨入的是新的千年。经历千年跨越绝对是幸运的,可惜今天的"00后"没有机会体验这个感受。见证时间运行的体验让我突然真切意识到,生命极其偶然且短暂;整个人类历史相对于时间和自然,以及地球的变迁来说,是那么微观、局部和暂时,充满了偶然性——生物进化所需的时间,地球环境的变化,都是如此偶然,更别说人类生命的存在、人类文明的存在了。我无法相信自己竟然身处一个狂欢的境地,奇妙地与这么多人共同庆祝这一时刻,而且还在不停联想感慨这一切。可能人越多、越热闹的地方,人越能参看自己的内心吧。

有人说纽约没有典型的美式文化,并不像美国,而更像是世界的缩影。这来自它的开放、包容和多样性;不同的人和文化在这里混居,和睦共处。纽约的街头时常会遇到庆祝节日的大型游行和狂欢活动,有时是关于爱尔兰的节日庆祝，有时是在庆祝中国的节日，比如春节，还有时是同性恋少数人群的游行……形形色色的人都乐于参与其中。不同人群的诉求在这里都能够平行存在，并彼此尊重。这儿是一个自由世界，全世界不同种族、文化、价值观和拥有不同程度财富的人集中于此，让人觉得这里充满着各种可能性。

离时代广场不远有一幢著名高层，洛克菲勒中心（Rockefeller Center）。这栋楼是纽约早期较有代表性的标志性建筑，是用石材建造的古典主义摩天楼。建筑前面的空地有一个下沉广场，每到冬天就变成滑冰场，还会在圣诞前夕竖起全美最高大的圣诞树。很多市民喜欢到这里滑冰，这也构成了纽约标志性的场景，很多电影中都出现过冰场的镜头。滑冰场并不大，但它创造了非常舒服的城市空间，特别像那种小村镇才会有的感觉——大家定时来小广场聚集，充满了社区生活感。

城市广场往往成为城市中很重要的空间，但跟村镇广场不一样的是，它的垂直向尺度非常高大，匹配大城市的力量，这也是我对纽约曼哈顿区域的理解。纽约是一座垂洛克菲勒中心位于美国纽约曼哈顿中城，是一个由19栋商业大楼组成的建筑群，1987年被美国政府定为"国家历史地标"；除了建筑功能，洛克菲勒中心也承载了浓厚的社会、文化和艺术属性：自1933年起，洛克菲勒中心每年会举行圣诞树亮灯仪式，代表纽约正式进入庆祝圣诞和新年的时段；这块区域对于公共空间的运用也开创了城市规划的新风貌，完整的商场与办公大楼让曼哈顿中城继华尔街之后成为纽约第二个市中心

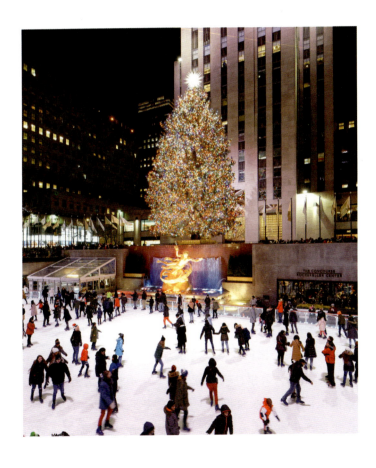

纽约

1. 1811年出台的《委员计划》（Commissioners' Plan of 1811）是纽约城市发展的纲领性规划文件。该文件为纽约设置了街道、广场与公园嵌套的网格状结构，一定程度上平衡了人口和城市的关系，日后被更多城市规划者所青睐。

直城市，但它同时也是关于人的城市，它没有因为楼宇的巨大而像很多其他城市设计出宽大的马路，以及拉宽楼与楼的间距。相反，它的地面尺度是根据人的需求和感受而打造的小尺度。

这不得不提到纽约的早期城市规划"1811年的《委员计划》"[1]。这个规划以小型的网格状街道划分纽约这个长条形的岛，竖向道路称为"道"（Avenue），横向道路称为"街"（Street）。一个长条形的城市就这样被划分成了下城、中城、上城。所有街区都呈现为小网格，每个网格的横街长度约100米；还有几条斜向大道斜穿过这些网格，例如百老汇大道，形成了多个三角形的城市空间，例如时代广场、林肯艺术中心、哥伦布圆环等。

纽约的城市空间中，最具特色的是中央公园（Central Park）。中央公园的轮廓非常清晰，南北向从59街延展至110街，总长4公里；东西向从第五大道横跨至第八大道，总宽0.8公里，总面积约3.4平方公里。在纽约的时候，我非常喜欢到中央公园散步和跑步，跑一个小圈，也有将近10公里了。公园里有湖泊、大树,这些大树可能已有上百年的历史;公园内处处透露艺术气息,时不时会有艺术展览、大型音乐会、户外演出等。每逢周末,家庭、情侣、不同年龄段的人们进入这个城市中的森林,咫尺之外却是高速发展的都市现代文明。这种巨大的视觉反差,常让人产生超现实的感觉。

中央公园的规划者制定了非常严格的规划原则,在公园里不可以进行任何地产项目的建造,它只能是纯粹的公园,这在高密度城市中以极大比例的绿地实现了自然的存在。可以想象在规划之初,纽约的城市人口并没有那么多,密度也不大,也还未有那么多高楼大厦。即便如此,当时中央公园的规划者,已经预见纽约的未来将是一座极高密度的城市,并且为这座未来的世界之城预留了一块面积超大的城市中央公园。

围绕着中央公园建起的高楼越来越多,出现了好多栋极具纽约特色的铅笔楼(Pencil Tower)——它的特点就是占地小,极高,形态纤细,最高的楼已经达到了五六百米。众所

左：远眺纽约中央公园
右：纽约铅笔楼

周知，高层建筑需要一定的平面面积才能够牢固，然而在纽约这种寸土寸金的地方，大面积土地不易获得，即使找到了成本也往往太高，所以这个限制催生了要在很小的地块上建造尽可能高的建筑。建筑越高，视线和阳光便越好，有的位置还能看到中央公园的湖底景观。但在这种高密度城市中，自然和阳光不是所有人都能共享的资源，只有付出昂贵的代价才能享受优美的景观和丰沛的阳光。

虽然纽约对于建筑并没有直接的限高条例，但却有不同的法规变相地限制了高层建筑的高度。一是地区划分，不同地区的功能定义限制了某些特定区域的建筑高度；另外，为了保证街区的舒适感及街区里其他建筑的阳光权，法规规定建筑到达一定高度后，楼体需要向后退缩以保持与地面的形态角度；还有最基本的考虑来自建筑本身，高度会对建筑本身的结构产生挑战，越往高处，建筑内部基本就是结构和电梯通道这些垂直构架，使用率会变得非常低。

纽约就是这么一种城市：它的建筑和城市规则，反映出它开放、自由的态度，只要不突破某些框架，不损害别人的利益，没人会拦阻你去做不同的挑战。

曼哈顿是一个岛，它与其他区如布鲁克林、皇后区和泽西城的通达要通过隧道和大桥实现。记得上学的时候我问过一位家住布鲁克林的同学，最喜欢的纽约建筑是什么？让我惊讶的是，他没有说出像帝国大厦、世贸中心这样的地标建筑，而是说布鲁克林大桥（Brooklyn Bridge）——一条连接着曼哈顿下城市中心和布鲁克林区的大桥。这座桥很独特，它标志性的桥桩是石头建的，有一种古典美。两个桥桩拉起来的则是跨度极大的悬索结构的桥梁。桥梁分成上下两层：下层是双向车道；上层是步行道，位于下层车道的正中央上方，每日大量行人通过这座大桥，穿越曼哈顿与布鲁克林。

桥一端的布鲁克林高地紧挨着曼哈顿。从这里可以看到整个曼哈顿的城市天际线景色，这是纽约市里最令人震撼的景观之一。但这样的地方并没有建高楼大厦，只是盖了通高三四层的棕红色住宅：街区之间是很窄的街道，道路两边停车，充满浓浓的生活气息。很多电影在这些区域取景。

布鲁克林大桥跨越美国纽约市的东河,连接曼哈顿区和布鲁克林区;于1883年完成,是世界上第一座大型悬索桥,也是美国最古老的悬索桥之一

纽约

> 纽约古根海姆博物馆，位于纽约市的曼哈顿区，建于1959年，其收藏品以20世纪和21世纪的现代艺术为主，包括绘画、雕塑、摄影、装置等多种形式的作品

纽约有很多世界闻名的艺术机构，所以纽约的艺术氛围非常浓厚。新冠疫情严重的时候，虽然百老汇很多剧院都停止了演出，但经常会有这样的情景：音乐剧演员走出家门来到大街上，整条街道变成了他（她）的舞台，他（她）会沿着街道开始演唱，然后再转到下一个街心花园继续。素不相识的人们可以幸运地在城中一隅欣赏到高水准的演出。

当然，除了这些从全世界来到纽约追求梦想的年轻艺术家、音乐家、舞蹈家，纽约还有世界著名的美术馆。纽约现代艺术博物馆（MoMA）是当今世界最重要的现当代美术博物馆之一，它坐落在纽约曼哈顿城中，是城区商业中心和交通中心。它完全融入了这座高密度城市，上为容纳公寓、写字间的大楼，下为美术馆的展厅和雕塑花园，整体是一座充满现代风格的建筑。

中央公园东侧的一处呈螺旋上升的圆形建筑则是古根海姆博物馆（Solomon R. Guggenheim Museum）。这里是古根海姆家族最早展示收藏的美术馆，有着独特的造型，像白色的海螺般矗立在中央公园的一侧，是美国传奇建筑师

纽约

1. 弗兰克·劳埃德·赖特（Frank Lloyd Wright，1867—1959），美国建筑师、设计师、作家、教育家。赖特开创了"田园学派"建筑运动，认为建筑需要和人性及环境协调，在其长达70年的职业生涯中设计了1114个建筑作品（其中532座已建成）。
2. 勒·柯布西耶（Le Corbusier，1887—1965），法国建筑师，在建筑设计、家具设计、城市规划、理论研究、诗歌创作、绘画雕塑等领域都有极高造诣。其著作《走向新建筑》创造性地提出了"住宅是居住的机器"的思想，认为应该采用新技术批量生产建筑，给社会各个阶层的人们提供满足使用功能的安身之所。建筑代表作有朗香圣母教堂、萨伏伊别墅、马赛公寓等。

弗兰克·赖特[1]设计建造的。

古根海姆博物馆圆形建筑盘旋上升的建筑形态，造就了它的室内是通过一个连续上升的坡道连贯环绕连接着所有的展厅，没有界限分明的楼层感觉。这样的设计使得展厅全是有着弧形墙面的扇形空间，地面也不平整，给策展布局带来很大的挑战。

赖特一生设计了很多作品，包括很多著名住宅。他曾在日本学习，所以他的设计中体现了很多东方元素，其中一个代表作就是流水别墅（Fallingwater）。流水别墅是架在溪水小瀑布之上的几块水平向的叠加平台；建筑与自然共存的关系非常东方。而这种水平向的线条也成为了赖特作品的一大特征，建筑界称之为"草原式住宅"，一种水平向与大地、地平线产生呼应的建筑范式。

我发现，很多以功能、理性著称的现实主义大师，包括柯布西耶[2]，他们晚期的作品都呈现出一种表现主义的艺术特征，展现了人的终极精神追求，有悖于他们早期作品的功能主义至上的形式和理念。

位于宾夕法尼亚州的贾卡莫巴河流域的流水别墅,是现代建筑的杰出代表之一

1 林璎（Maya Ying Lin，1959年生），美籍华裔建筑师，林徽因的侄女。其最著名的作品之一是美国华盛顿特区的越战纪念碑。
2 保罗·鲁道夫（Paul Rudolph，1918—1997），美国建筑师。曾任耶鲁大学的建筑系主任，代表作有耶鲁大学艺术与建筑大楼、Milam住宅、纽约自宅等。
3 埃罗·沙里宁（Eero Saarinen，1910—1961），美籍芬兰裔建筑师、工业设计师。代表作有圣路易斯大拱门、环球航空公司飞行中心、耶鲁大学冰球馆等。
4 阿尔瓦多·西扎（Alvaro Siza，1933年生），葡萄牙建筑师、教育家。代表作有波诺瓦茶室、波尔图建筑学院建筑群、加利西亚艺术中心、圣玛利亚教堂等。

在古根海姆博物馆斜对面是大名鼎鼎的大都会博物馆。这是一座完全古典式的建筑，是唯一建立在中央公园区域的大型公共建筑。博物馆内部空间非常广阔，"全世界的文明"几乎都在这里陈列展示，很少有人能一天看完所有展览。关于中国艺术，这里不但有铜器、石雕、陶瓷等文物，竟然还有一个展厅整体复制出了苏州园林。

我2001年进入耶鲁大学建筑学院学习，那年刚好是耶鲁300周年校庆。建筑学院中一名著名校友是华裔建筑师林璎[1]，她在本科三年级时无心插柳参加了华盛顿越战纪念碑竞赛，最终从1400多份方案中脱颖而出赢得比赛。后来她也成了非常出色的建筑师。在耶鲁图书馆门前，是她为耶鲁设计的"Women's Table"。这张圆石桌上刻画了耶鲁大学这三百年来每年所招收的女生人数。柔柔的流水缓缓地漫过桌面，象征着这段进步在时间和历史的冲刷下，仍然明亮且振奋人心。

我很庆幸能在如此先锋、鼓励精神自由的高校里求学。

5　　西萨·佩里（Cesar Pelli，1926—2019），阿根廷建筑师，后移居美国。曾任耶鲁大学建筑学院院长。代表作有马来西亚吉隆坡双子星塔、香港国际金融中心、上海国际金融中心等。
6.　blue 在英语中有保守、守旧之义。
7.　纽约五人组（The New York Five）又称"白色派"（The Whites）、"纽约建筑派"，是美国 20 世纪 70 年代最为活跃的现代主义建筑核心团队。

在校期间，我曾邀请好友、建筑艺术评论家方振宁来参观耶鲁。我们在校园里漫步，经过不同大师的作品：鲁道夫[2]设计的建筑学院、路易斯·康设计的耶鲁艺术馆和英国画廊、沙里宁[3]设计的冰球馆，还有西扎[4]、佩里[5]等知名建筑师的作品。校园里的建筑风格各异，有的古典，有的先锋。方振宁对此赞叹，说在这个像哈利·波特城堡一样的校园里，居然有这么先锋的建筑学院，学生们也能设计出多元、先锋的建筑。

这些不同时期的建筑，展现着不同时代的价值观和想象力，同时也鼓励着学生们要勇于挑战，而不是一味地重复传统。就如某一年题目为"new blue[6]"的毕业作品展，传达的就是既要传统的 blue，也要有朝气的价值观。这就是我对耶鲁最直观、最强烈的感受，也相信这是当代年轻人面对历史和未来该有的态度。

耶鲁大学所在的城市纽黑文离曼哈顿火车车程大概两个小时。2001 年暑假，我决定在纽约找一份实习工作。当时纽约建筑界有一个威震四方的"纽约五人组"[7]，包括纽

纽约

1. 约翰·海杜克（John Hejduk，1929—2000），美国建筑师。曾任库柏联盟建筑学院院长。代表作有"墙宅2号"（荷兰格罗宁根）等。
2. 彼得·埃森曼（Peter Eisenman，1932年生），美国建筑师、教育家、作家。曾先后在剑桥大学、普林斯顿大学、耶鲁大学、哈佛大学、宾夕法尼亚大学、俄亥俄州立大学等校任教，主编《反对派》杂志。代表作有欧洲被害犹太人纪念碑、韦克斯纳视觉艺术中心等。
3. 迈克尔·格雷夫斯（Michael Graves，1934—2015），美国建筑师、教育家。曾任教普林斯顿大学。代表作有波特兰市政厅、丹佛中央图书馆等。

约极其重要的五位建筑师：约翰·海杜克[1]、彼得·埃森曼[2]、迈克尔·格雷夫斯[3]、查尔斯·格瓦斯梅[4]、理查德·迈耶[5]。其中彼得·埃森曼是位传奇人物，曾参加过1988年在MoMA举办的"解构主义建筑展"，由此开启了解构主义建筑的风潮。他跟法国的解构主义哲学家德里达（Jacques Derrida）有过很多思辨性的讨论，是典型的知识分子型建筑师。

我给他发送了自己的作品集，希望能去他的工作室实习。没想到第二天我就接到了电话，让我前去面试。面试说了什么我已经记不清了，但印象深刻的是，当时的一个主管（后来也成为我的好朋友）突然瞪大眼睛跟我说："你应该知道吧？"我说："什么？我不知道你说什么？"他说："你知道在我们这里实习是没有一分钱的。"我确实没听说过这件事，但我也没期待实习能挣到钱，不过仍下意识地问："那吃饭、通勤地铁能补助吗？"他笑了笑说也没有。这时我才知道，像这样具备理论高度、追求理想型设计的建筑事务所，实习生都拿不到补助。事务所的解释是由于他们的先锋性，实

4. 查尔斯·格瓦斯梅（Charles Gwathmey，1938—2009），美国建筑师。代表作有纽约古根海姆博物馆加建、耶鲁艺术与建筑大楼加建等。
5. 理查德·迈耶（Richard Meier，1934年生），美国建筑师，艺术家，被称为"白色诗人"。1984年获得普利兹克奖。代表作有罗马千禧教堂、洛杉矶格蒂中心、史密斯住宅等。

与彼得·埃森曼合影，2019年1月18日

践的机会本来就很少，运营也很困难，没有多余的钱给实习生。虽然我不认为这理由站得住脚，但我从另外一个角度说服了自己：太多年轻人想来这里学习，所以反过来，他可能认为不收你的学费就已经很不错了。

我答应了这个条件，没想到面试当天他们就让我开始工作。在那里，我遇到了来自世界各地的实习生小伙伴，大家全是抱着学习心态来到这里。我参与了好几个在建筑史上有着深远影响的作品，包括位于柏林的欧洲被害犹太人纪念碑。

记得上班的第一天晚上，我加班到了11点多，如果再不走可能就赶不上回家的地铁（后来为了减少花销，我搬到了皇后区）。走的时候负责人说，明天早上开业主会，让我早上7点准时上班，开会前要打扫好已经满布灰尘的会议室。原来，已经很长时间没有业主来过事务所了，由此可见当时这样的先锋事务所与市场的关系。

实习期间，我对纽约的街道产生了浓厚的兴趣。每天除了上班，我最喜欢穿梭在街道上各种便宜的小卖部和菜市场之间。纽约有很多那种自制的不锈钢小餐车，卖早点、小吃、咖啡等等。每天早上上班的路上，我都会从这种小餐车买非常便宜的早餐。有时候实习生们想喝咖啡，就会派一个人下楼找这种小摊儿给大家买咖啡。这些也成为纽约街道的一景，这些小商贩创造了一种属于纽约的生活氛围。可能有的人从来都不会在这里买东西，但是只要这些小生意没有打扰到别人，城市就会允许他们存在。

作为实习生，我没有很强的购买力去那些高级店铺和好餐厅，但我仍然对这座城市在心理上有归属感。在这里，我能感受到自由，公园、花园、艺术设施都在为每个人提供服务。

那个暑假，我还登上了著名的纽约世贸中心的塔顶，俯瞰了整个纽约。那是我第一次，也是最后一次实地看到和登上世贸中心。谁也无法想到，一个月之后，这两栋大楼就从纽约的地平线上彻底消失了。

2001年9月11日，那天早晨我们正在上理论课，由耶

> 1. 罗伯特·斯特恩（Robert A. M. Stern，1939年生），美国建筑师、教育家、作家。1998年至2016年担任耶鲁大学建筑学院院长。

鲁大学建筑学院院长罗伯特·斯特恩[1]授课。上课前就听人说有一架飞机撞上了世贸双塔其中一栋，可能是意外。所有人都很惊讶。课上了半小时左右，学校的秘书敲门走进来跟斯特恩耳语了几句。斯特恩对我们说耶鲁大学校长要举行一个紧急会议，要求所有院长马上出席，课程暂停。电视上正在直播飞机撞击第二栋塔楼的画面，现场浓烟滚滚，大家都非常诧异。后来我们才知道这个画面当时在全世界播放，很多中国的朋友都打电话过来问我是否安全。就在那个撞击瞬间，我那些在纽约工作的朋友们正在步行穿过布鲁克林大桥离开曼哈顿岛。短短几分钟之后，我们在屏幕上目睹了两栋大楼先后倒塌的画面，高楼顷刻化为尘土。

这一切都太难以理解了。所有的人都无法相信这灾难性的电影场景竟然发生在现实中。2001年，曾经代表着纽约城市形象的地标双塔，从地面上消失了。

隔年2002年，在我们的毕业季上，多个学校组织的设计课都围绕着"如何重建纽约世贸中心"这一课题。当时这

毕业典礼上与耶鲁大学建筑学院时任院长罗伯特·斯特恩合影，2002年5月28日

1. 弗兰克·盖里（Frank Gehry），1929年出生于加拿大，后移居美国，当代著名解构主义建筑师。1989年获得普利兹克奖。代表作有洛杉矶迪士尼音乐厅、西班牙毕尔巴鄂古根汉姆博物馆、巴黎路易威登基金会等。
2. 扎哈·哈迪德（Zaha Hadid，1950—2016），伊拉克裔英国建筑师。其设计大胆运用空间和几何结构，被称为建筑界的"解构主义大师"。2004年获得普利兹克奖，成为该奖项创立25年以来的第一位女性获奖者。
3. 至上主义：俄罗斯前卫艺术流派，1915年前后由画家马列维奇开创。作品以直线、几何形体和平涂色块组合而成，是前卫运动中抽象艺术的主要代表。

不仅是社会和政治的话题，也是全世界建筑师关心的话题。它不仅仅关于建筑，更是建筑师群体表达各自世界观以及如何用建筑对社会和人类表达关怀的重要事件。

我们建筑学院的很多教授都同时在带这个题目的设计课，盖里[1]、埃森曼、扎哈[2]等。我选择了扎哈的设计课。扎哈早期的创作受俄国至上主义[3]的影响，充满幻想和构成主义的冲击力。

课程初期，扎哈带我们到纽约参加一个展览的开幕式，展览上有她的作品——一个碎片化的世贸大厦提案。展览中有将近百位来自世界各地的建筑师提案，这是整个建筑师组织共同为一个城市话题的发声。展览开幕那天，参观队伍很长，足可见很多人都在关注这个话题。

我在这堂设计课上完成的作业是一座蘑菇云一般的建筑：它飘浮在纽约上空，呈水平状，像一朵云，又像一片岛屿。建筑上面有公园、湖泊，建筑下面则是几根纤细垂直的腿，支撑着上方的"飘浮城市"。我称这个设计为"浮游之岛"，因为它像是飘浮的岛屿，不再追求传统摩天楼的力量

与导师扎哈，2012年

我的恩师扎哈的一生就是抗争的一生，为了独立、平等和尊重而抗争，为了进步和改变而抗争。她对这个世界充满热爱，又充满批判和怀疑。她总是抱有坚决、鲜明的立场。她带给这个世界太多希望和美丽，让世人惊艳，让建筑被更多人关注与铭记。15年前，作为她的学生，她的力量和视野给我开启了一扇门，如今依然给予包括我在内的无数人启发和激励。（2016年扎哈去世，马岩松写下的悼词）

纽约

"浮游之岛"分析图,畅想立体的城市飘浮在地面之上

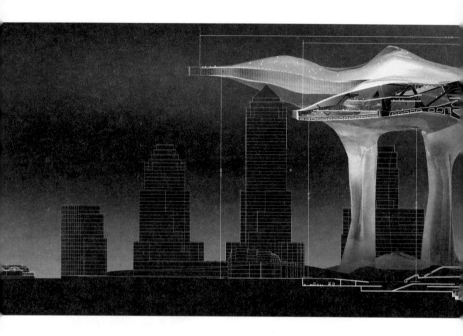

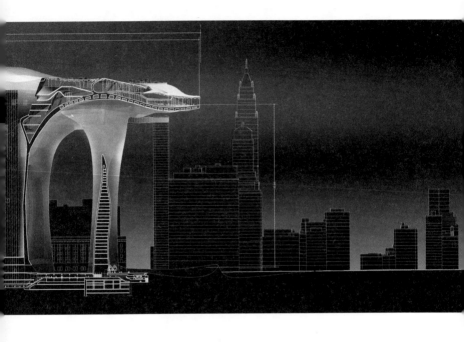

感和垂直形态带来的竞争意向，我想通过水平形态表达建筑对自然的亲近，甚至对现实世界的解脱。

我把这个题目当作对现代主义垂直城市的一次批判，同时提出了对未来城市的想象。我记得当时很多提案是建造更加坚固的双塔去纪念失去的两栋建筑，有些甚至认为应该用更大的力量去对抗恐怖主义的威胁。而我认为，双塔缺失后，应该向前看、往前走，创造新的机会，让未来的城市表现人性、自然的想象力。对于纽约，这里不应再建造一座纪念碑。最好的纪念是发展。

纽约

"浮游之岛"效果图

纽约慢慢改变了很多，越来越多受关注的地区，都努力在这座大都市中体现历史与人的生活关系。像过去的东村、西村、"肉厂"，都重新发展起来，原有的历史气息浓重的传统街区，都逐渐被改造成有文化和艺术特色的区域，吸引着年轻一代。

西村和"肉厂"附近出现的"高线公园"（High Line Park）非常火爆。它原本是一段废弃的高架货运铁路，政府一直想把它拆除。后来街区的管理者和铁路爱好者都认为这是城市很重要的记忆，建议举行一次国际竞赛来看看这个地区接下来该如何发展。通过竞赛，最终确定了一个想法：把架空的铁路改造成一个立体线性公园。

经过多年的社区参与，高线公园最终成功地改变了纽约的城市面貌。它不但提供了跨越街区的公共立体步行道路，为人们提供了人性化的新城市体验，更重要的是它带动了文化潮流，好几个街区因此变得富有艺术气质和设计感，包括这里后来新建的惠特尼美术馆。因为高线公园，整个片区的业态逐渐丰富，以至于拉动了沿线的地产项目。

高线公园

后来，周边的地产商纷纷邀请建筑师参与具有设计感的项目开发，新区和公园组合，成为纽约市人口增长最快、最具活力的社区。

高线公园不只是一个自上而下的规划，更是居民通过自身努力，以及自发的艺术参与形成的街区。其次，高线公园街区的核心是自然和艺术的结合，这与纽约以前那种以资本、权力为重的高密度冰冷城市完全不一样。今天的很多城市都可以参考。城市的建筑形态会反映出城中人的精神状态：当看待生活的角度发生转变时，城市的面貌也会随之改变。千城一面的情况往往是因为人的价值观趋同且僵化，建造模式和创意才变得稀少，这种情况下大规模的建设反而会对城市造成伤害。

我一直期待能有在纽约设计高层建筑的机会，去挑战那些纪念碑式的建筑。我们在洛杉矶开设了办公室以后，有几次机会去纽约洽谈设计，我都像一个进城找工作的年轻人，走进一座座高楼大厦里的地产公司介绍我们的作品，寻找工作机会。每一次我们演示在中国完成的作品时，大家都惊叹中国有如此多的机会、如此大的空间和自由度去创造，这非常难得，但马上话锋一转，说纽约可不一样，这些东西不可能发生在纽约，因为纽约寸土寸金，一切都要从成本、花费和利润上考虑，而不是以追求艺术为先，所以建筑不可能有那么大的自由度。几乎每次我都被泼同一盆冷水。直到有一次，很偶然的机缘，我们遇到了一个地产商，他认为建筑就是艺术，也相信我们的作品应该可以给纽约带来不同的面貌。这正是我所梦想的啊！

之后我们花了几年时间给纽约谋划了一座新的大楼。这栋大楼就在帝国大厦隔壁的街区，地理位置极佳，但地块占地面积很小。发展商要在这么小的地面去建造一座摩天楼，条例和条件限定了它只能是非常细长的铅笔楼。

我设计了一栋非常纤细、柔软的黑色建筑，外轮廓混沌、暧昧、模糊，没有明确的力量感，甚至让它的顶端逐渐从黑色变成透明，慢慢消隐在空中。它不像其他的摩天楼那般，用有力量感的线条去展示自我存在，反而是让自

曼哈顿东34街公寓效果图，建筑自然流动的线条向上蜿蜒伸展，玻璃幕墙从下至上由深变浅，渐渐消隐于天空中；区别于传统的力量型摩天楼，34街公寓以浪漫柔美的气息展现了另一种"城市力量"

己消失于天际之中，并与整片天空连接在一起，好像是无限高的建筑。我认为它表现出了一种价值观——摩天楼不一定是资本的纪念碑，它也可以与天空、自然产生一种诗意的关系。由于帝国大厦强大的外观和尺度，这座建筑显得更加纤细和渺小，但正是这种反差让我看到纤细也深具力量。

在电影《金刚》里，纽约帝国大厦的形象非常经典：大猩猩、哥斯拉都要跟这座建筑进行纠缠，大概就是因为它所体现的强大和纪念性吧。而这座黑色公寓更像一座发射塔，不断传递着关于未来的想象，与未知世界一直进行着对话。可惜的是，建筑不只是艺术和观念表达，同时也是经济活动。疫情改变了一切，我们的建筑到现在也未能实现，但我仍为第一次为纽约设计了高层建筑而高兴。

纽约，充满着精彩的人和事，充满了传奇。在这里，任何的不可能都有可能实现。

我设计了这座城市的地标"梦露大厦",
而梦露大厦正是我世界实践的开端。

多伦多
Toronto

梦开始的地方

多伦多是加拿大的一座湖畔城市。它的市中心在安大略湖边,高楼林立,一副现代大都市的形象,像是小型的纽约。多伦多的绝对地标"国家电视塔"(The CN Tower)便位于鳞次栉比的楼宇之间。

多伦多是一个移民城市,种族、年龄多元,所以市中心不像纽约大部分大厦是办公楼,在这里,大部分高层建筑是住宅,而正是这些住宅让城市变得非常有人气和生机。世界上大部分的城市中心区域讲究明确的功能划分:一般是单一的商务功能,附有一些酒店,几乎没有住宅,比如北京的金融街、国贸,上海的陆家嘴,等等。

多伦多能够持续展现活力,也与此有关。由于居民在地生活,城市也规划了一些文化设施,就如多伦多有着数量众多的博物馆,皇家安大略博物馆、维多利亚博物馆等,还有

从上至下：皇家安大略博物馆、安大略美术馆、安大略艺术设计学院

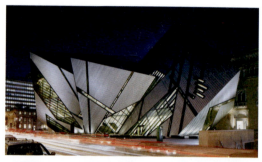

1. 丹尼尔·里伯斯金（Daniel Libeskind，1946年生），波兰裔美国建筑师。美国世贸中心重建项目的总体规划师。

歌剧院、音乐厅、市政厅、图书馆等。这些公共项目给生活在都市的人们营造了浓郁的文化氛围。建筑师里伯斯金[1]设计了皇家安大略博物馆，在一座古典建筑上加建了像尖刀一样的新建设，新老对比非常强烈。安大略艺术设计学院也很有意思，它是一个飘浮在空中的方盒子，靠很多细长柱子支撑起来，富有未来感。在安大略艺术设计学院附近，紧挨着中国城的是建筑师弗兰克·盖里设计的安大略美术馆。盖里在多伦多出生并度过童年，长大后才到美国定居在洛杉矶，成为加州学派的建筑师代表。

我与多伦多的渊源有着非常戏剧性的开始——我设计了这座城市的高层地标，"梦露大厦"。

2005年，多伦多举行了一场高层住宅塔楼的国际设计赛。新移民令多伦多的房地产市场非常活跃，所以地产商之间的竞争也异常激烈，他们都希望自己开发的住宅楼能成为城市地标。由此，梦露大厦的业主举行了国际公开设计赛。

那个时候，我正对在中国参加的一系列设计竞赛感到失望：我参加了很多竞赛，得第一的时候，他们就把项目的设计权奖给了第二名，说第一名的设计太夸张、太理想化；当他们实施第一名的设计时，我就得第二名。刚好当时有一个国内竞赛，我们得了第一名，而业主决定不实施我们的方案，我气愤地转向国外的竞赛。那时候，还从未有中国建筑师在国外设计过重要的建筑作品。

我在网上看到多伦多的竞赛消息，直觉认为这会是建筑界的一个重要机会，我猜很多人会关注并提交方案。我想让我的方案被看见。当时有一个强烈的愿望：设计一个"反地标的地标"。我在美国上过学，了解北美大城市的基本思路，就是用高层建筑来体现资本的力量和纪念性。

参加竞赛时是盛夏，我印象深刻，当时光着膀子画草图，在电脑里建模。一开始我对设计形态并没有很清晰的思路，唯一的直觉是它应该柔软、写意、自由、飘动，只要不是直线的火柴盒就可以。后来设计方向越来越明朗，我意识到这个设计与我设计的纽约曼哈顿东34街公寓一样,其实正表达了我的观点:未来的高层建筑,应该突出人和自然的关系;面对多伦多这座现代主义城市,我想用一座具有不规则曲线形状的高层建筑来软化力量感,减弱权力和资本在建筑中的彰显。

提交方案时,还发生了惊险的插曲。在递交竞赛材料截止时间的前一分钟,我才最终定稿,急急忙忙把材料上传,但是,第一次上传竟然不成功!我赶紧尝试第二次上传。虽然这次成功了,但显示上传时间已经超过了截稿时间。我连忙写邮件解释——我实际传送了两次材料,第一次由于网络原因没有上传成功,为了保险起见又上传了第二次——请务必保留我的候选资格。但是,当点击发送邮件后,电脑显示竞赛服务器端口已经关闭……

在究竟是否成功递交了材料的惶恐中度过了多日后,我收到一封电邮。打开一看:"Congratulations!你们入围了!"

这个竞赛收到了几百份方案,但项目方只选择了六个,并将这六个方案策划成展览展示给多伦多居民,同时在网

梦露大厦设计效果图，大厦设计不再屈服于现代主义的简化原则，而是想表达出一种更高层次的复杂性，来更多元地接近当代社会和生活的多样化，回应日益膨胀的城市需求

络和线下组织市民现场投票。当地报纸专题报道了这次竞赛，详细展示了入围的六个方案设计图。在报道中，我的方案被排版成最大的一张图，并被称为"梦露大厦"。在市民投票中我们名列前茅，远远甩开其他对手。没想到自己无意中关注到的事情，竟突然真实起来。

最后，来自不同国家的六个入围方案继续进行PK。这个环节最重要的工作是阐述怎样把概念变成可建造施工的方案。2005年，我的公司刚成立一年多，从没设计、建造过任何高层建筑，经验非常匮乏。为此我们组织了工程师团队，通过理性、智慧的分析，将一个完全飘动的、自然的，在过去被认为无法建造的曲线高层，变成一个有逻辑可循的、成本可控的、具有操作性的方案。

为什么城市中的高层建筑全是直来直去的方块，最大原因是现代城市产生于工业革命之后，工业化生产最关键的特点便是重复制造——通过大批量生产以降低造价。从现实主义角度出发的建筑和城市一直遵循着这个道理。其实不只建筑，日常的制造业都在追求量产和效率。我们的

> 1. 海泽尔·麦卡利昂（Hazel McCallion, 1921—2023），加拿大历史上在位时间最长的市长（36年），将密西沙加市从只有2.5万人口的社区发展成超过75万人口的城市。

时代正处于转型期，我相信未来的制造将不再依靠重复来降低成本；每一件产品都能实现定制，呈现独有的甚至带有独特生命感的特征。在转型期，我们有必要研究出智慧的办法，用成熟的材料和技术去创造属于未来的建筑。

我想起曾经做过的设计，《鱼缸》，算是一个有机形态的鱼缸。设计的初衷来自某一天我走在街上，忽然注意到路边卖金鱼的摊位，看到装鱼的容器基本都是方形的。我不确定鱼是否习惯那样的空间，方形鱼缸显然是属于工业化制造。于是，我开始观察金鱼在鱼缸里游动的轨迹。后来我以这个"轨迹"为蓝图，为金鱼设计了一个新的活动空间。方形鱼缸是为了降低造价而实现的大批量产品，我们时代的大量建筑其实也是这样的工业产品，而不是与人匹配的生活空间。

2006年3月28日，竞赛的六个候选团队齐集多伦多的"国家电视塔"，迎接最终方案揭晓。结果公布前，我有预感，如果不出意外，我们应该能胜出。最终，密西沙加市的市长海泽尔·麦卡利昂[1]女士宣布，来自中国北京的MAD

鱼缸，2004 年

多伦多

多伦多"Aboslute"国际设计赛结果公布,新闻发布会宣布MAD赢得竞赛;马岩松、党群、早野洋介与密西沙加时任市长海泽尔·麦卡利昂女士合影。
2006年3月

建筑事务所赢得了竞赛。

方案获胜的消息公布后,整个多伦多都非常关注。我们迅速成为电视台、电台、报纸追访的对象。很快消息就传回国内。这太戏剧性了。这是中国建筑师首次在海外设计的地标建筑。当时正值奥运会前夕,世界各地的建筑师都被邀来中国,而没有中国人去海外设计建筑,中国建筑师都在抱怨外国建筑师设计了中国所有的重要建筑,而赢得这个竞赛,等于头一次反转了这个现象。可笑的是,这个消息当时在国内一度被有些人认为是假新闻。

时至今日,我们在美国、欧洲、日本等地都有了建筑实践,而梦露大厦正是我们世界实践的开端。那时MAD才成立不到两年。

项目公开发售的首日,整栋楼五百多个单元迅速售罄,以至于项目方马上联系我们,说:"你们的设计太受欢迎了,我们决定在这栋楼的旁边再建一栋一样的楼,你们不用再做更多工作,我们付双倍设计费。"这听起来非常诱人,但我坚决反对,因为我们追求独一无二的自然的设计,

多伦多 当地报纸报道"梦露大厦"的漫画

而自然界中并没有重复的二物。重复的工业化生产属于过去，我们正在创造未来。我回复：大家都称这栋建筑为"玛丽莲·梦露大厦"，总不能有两个梦露站在那儿吧？

在我的坚持下，后来利用第一栋楼的平面重新推敲与第二栋楼的对应关系，新大楼呈现出与第一栋楼相呼应的形态；"她们"成了一对姐妹楼，在城市中创造了建筑的对话。世界上很多城市建有双塔建筑，造型一般都是重复，而多伦多这组则是独一无二的、能相互对话的双塔。

梦露大厦在建成的2012年，获得了北美地区"最佳高层建筑"奖。很长一段时期，中国的建筑都是对西方的模仿和学习，以至于当中国市场对外开放的时候，中国建筑基本上丧失了竞争力，因为你能做的，你在西方的老师能做得更好；中国建筑师无法超越他们的老师——西方。所以，建筑师不能只是当好学生，创造性的胆量和热情才是建筑师最重要的武器。有了这个，再年轻的建筑师也可能做出独特的作品。

颁奖晚宴上，一位与我们合作的白发苍苍的结构师跟

我说:"你的设计差点把我害死了。"他说因为建筑结构太难实现,他曾一边开车一边还想着怎么实现设计方案,以至于闯了红灯。幸亏没发生交通事故。我很感慨:是什么魔力能让大家为这个方案走到一起,并为之废寝忘食?其实,不在于你是年轻还是年老,来自哪里,最重要的是在这样一个集体中工作——在耗费大量资源和时间的建筑实践上,有人能描绘出一张蓝图——一个共同的理想,所有人认同并且愿意为这个梦想携手努力。

梦露大厦最终被建造成一座赞美自然和人性的高层建筑。很多人以为"梦露"是我起的名字,其实是当地人对这座建筑的昵称。在我眼里,它的曲线是一种东方美,但我并不介意"梦露"这个昵称,毕竟很少人用女性去形容高层建筑。这也说明了当今高层建筑大都凸显着男性化的力量感,纪念碑式的城市混凝土森林充满了男性荷尔蒙。

未来的城市一定会改变,而改变,就始于这些具体的工作。

不要复制传统，要用自己的眼睛看世界。

即使是废墟,
也会是感人的废墟……

圣地亚哥
San Diego

跨越时空的对话

我认为圣地亚哥这个城市有必要一说，完全是因为一座建筑和一部纪录片。这部纪录片叫《我的建筑师：寻父之旅》，曾获奥斯卡最佳纪录长片提名。纪录片导演是我最喜欢的美国建筑师路易斯·康的私生子纳撒尼尔·康（Nathaniel Kahn）。由于他的父亲在他小时候要周旋在几个家庭之间并经常出差，他几乎不太了解他这位伟大的父亲。整部影片讲述的就是这个儿子通过建筑之旅追寻父亲的足迹，最终了解了父亲。其中最让我感动的画面，也是影片中唯一一次这个幕后导演成为影片主角的场景，是儿子在他父亲设计的位于圣地亚哥的代表作索尔克生物研究所（Salk Institute for Biological Studies）广场上滑旱冰的镜头。

去圣地亚哥之前，我已经无数次通过照片和书了解了这座建筑的故事。它是由美国医学家乔纳斯·索尔克（Jonas

圣地亚哥

《我的建筑师：寻父之旅》海报。这是一部有关爱与艺术的影片，一个关于背叛和原谅的故事。故事主人公是美国费城著名建筑师路易斯·康，被建筑历史学家公认为20世纪下半叶最具影响力和创造力的天才，但在生活中，他却是一个既神秘又矛盾的丈夫和父亲。本片的导演纳撒尼尔·康是路易斯的儿子

Salk)创立的科学研究机构,是一座建在加州海岸线上的建筑。沿海是五六十米高的悬崖,建筑就建在悬崖之上。

我曾三次造访这栋建筑。第一次由于没预约而不能进入。围着建筑转了一圈之后还是觉得不满足,于是在入夜后翻墙爬了进去……

建筑规模并不是很大,最具标志性的是其对称的布局、两排面对面建筑之间所形成的硬地广场,以及广场西向远眺的太平洋。中轴线上的水流从泉眼涌出,直接往太平洋方向流去。网络上常见的大部分建筑图片都以建筑轴线为中心,整个空间就像一个舞台,建筑是舞台的边界,舞台轴线的尽头是天空和大海。最终,天与海相交在远方的一条水平线上,组成深远且空灵的画面。

我从未见过或想象过这个广场夜晚的样子。当我第一次进入建筑时,我所直面的由建筑围合的天海空间,比我所想象的来得更加深远、深邃,甚至让人有些恐惧。深不见底的画面占据了我的大部分视线,让我失去了焦点,失去了依靠,将我带到非常不确定、没有安全感的心理状态。

索尔克生物研究所坐落在加州南部拉霍亚（La Jolla）悬崖边缘，由路易斯·康设计，于1962年正式投入使用，1991年被列为美国国家历史地标；这个作品的主体部分具有明确的轴线构图，在建筑形体、大小、开合、明暗等方面展现了许多古典特征

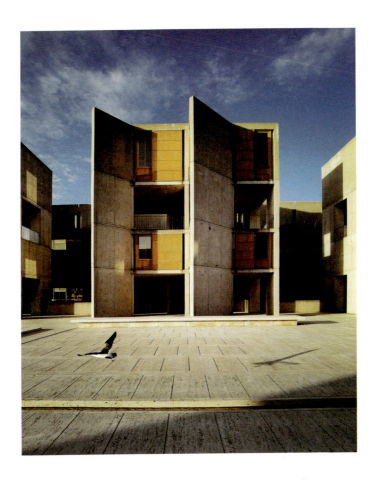

我牵强地联想到，也许科学家即将发现那些未知规律，又或者当他们运用超强想象力、分析力时，大概就是处在这种毫无坐标和锚点的放空状态吧。正在我浮想联翩的时候，我被一位保安给请了出去。

第二天我加入了参观团，再次回到这座建筑。一切都正常了起来。我所看到的正是我在脑海里默念无数次的那个样貌。我通过画面对这个空间的尺度、细节、空间感的想象与我现场所见非常吻合。参观团中有专业的建筑师和慕名而来的游览者，他们表现出完全不一样的兴趣点。建筑师非常关注建筑的形式、结构、材料、细节，而游览者仿佛被一股强大的精神磁场所吸引，无暇顾及那些具体的建筑元素。这强大的吸引力就来自天海交界的那片远方。

广场两边的建筑是对称式的，使建筑间形成了具有强烈次序感的结构，这让我联想到古典建筑中所呈现的仪式感。无论在中国还是在欧洲，这种古罗马纪念式的古典建筑都呈现出强烈的序列感——轴线中心左右对称且呈递进关系。我认为所有传统建筑的序列，都是为了烘托在轴线末端想要凸显的事物——大部分时候是权力，或是神，或是某些需要产生权威感、统治感、与人有距离感的存在。在康的这栋建筑中，这种存在被虚无替代了。它的中心轴线指向了深远的空；人看见的是天、海、无限的远方，以及它们背后更广阔的时空。它所延展的这个无限空间，正是每个人心中对未知未来的映射。正因此，康的设计让每个人打心底里跟这里的空间、自然发生情感联系。在这个联系的过程中，个人和内心的情感成为空间的主角。如果说建筑是舞台，那每个人就是舞台上的主人公。

当时我亲眼看到我们参观团的一位团员坐在广场近端的石凳上，望着远方的大海，沉思良久，甚至还落了泪。我想他的眼泪来自跨时空对话引发的感动。这个空间的感染力太强了。我相信，路易斯·康是一位富有温情和大爱的人，虽然他的作品看起来有严谨的格局，非常坚毅，但在这种高冷的面貌下，却隐藏着他对人类精神的呵护，以及对每一个人的尊重。

每当听建筑师们从用料、手法、细节的控制和构成去

1. 路易斯·巴拉甘（Luis Barragán，1902—1988），20世纪最重要的墨西哥建筑师之一，1980年获得普利兹克奖。代表作有巴拉甘自宅和工作室等。

评价康的卓越建筑时，我总想反驳。这并不是说康的建筑在这些方面表现得不出色。我想表达的是，就算他的建筑在一些技巧方面没有做好，即使是废墟，也会是感人的废墟。现代建筑师们无法超越他之处，在于他跨越时空的能力。他的建筑不属于现代建筑，而是属于永恒。他将人的情感、古典的精神以及人内心对世界的热情，完全联结在一起。

他设计这座建筑的时候有一个插曲。当时他非常犹豫应该怎么去设计广场这片空间，是应该设计一片广场，还是在这里种满树？我在现场时也曾想象过，如果由我来设计的话，在面向太平洋的悬崖上，我会怎么做？我猜大部分人会把海景当作一种资源去欣赏吧。而康的建筑却让建筑垂直于海岸线，令广场面向深远的海，而建筑成为广场的边界。这是多么奇特的想象啊！当时康的朋友、墨西哥建筑大师巴拉甘[1]建议康做广场，而不是种满树。他说如果做广场，就会有面向天空的立面。康最后采取了他的建议，同时把经典的洞石用作铺地材料，而两侧建筑采用了混凝土，通过材质突出地面的重要性。就在这么富有禅意的"极少"空间中，实现了他所追求的精神性。有时候我在想，为什么我们会去探寻成百上千年前的古迹，并且持续地被它们感动？建筑是一部没有文字的书，是一种无声的语言，它讲述了人类的梦想、想象力和历史的故事。

也许再过两百年，来到这座建筑前的游览者们，所受的教育、所处的环境、掌握的知识已经跟现在很不一样。即便那样，我相信，仍然会有人坐在同样的石凳上，产生同样的触动，同样流下泪水。

《我的建筑师》这部纪录片从儿子的视角诉说着对父亲的爱。康在同一个城市有三个家庭，爱上了三个女人；同时，他本人一直在不停地为建筑事业奔波。最后康因为心脏病倒在了纽约宾夕法尼亚车站的卫生间里。当被人找到时，他装在兜里的护照上的名字和地址，竟然已被他用最后的力气划掉了——他不想别人知道他的死讯。

影片导演采访了美国建筑大师贝聿铭，在回忆康的作品对贝先生的影响时说：你也设计了很多地标啊！贝聿铭说：

圣地亚哥

上：路易斯·康
下：工作中的路易斯·康

1. 孟加拉国会大楼，又称为贾提亚·桥国会大厦（Jatiya Sangsad Bhaban），是孟加拉国首都达卡的国家议会大楼，直至康离世八年后（1982年）才完工。建筑以强烈的几何形式和对光影的精妙运用著称，结合了现代主义建筑元素和地方文化特色，是路易斯·康杰出的代表作之一。

"要的是质量，不是数量。"康的作品并不多，但是每一件都是经典，而且还有大量没有实现的作品。

影片里，康的儿子造访了孟加拉国会大楼[1]。这座大楼完成于1982年，是康的代表作之一，已成为孟加拉国政府的象征性纪念碑。在国会大楼内，当地一位建筑师满含热泪，动情地对康的儿子说："这里（孟加拉国）是全世界最贫穷的地方之一，你的父亲不是政治人物，但他感到自己有责任用建筑给这里的人民带来民主，让我们可以在这里发展。他不在乎这里可以给多少钱，而是倾尽全力给了我们这座建筑。我们会永远感谢他，因为他把爱给了这个国家的每一个人。"

纪录片中康的儿子穿着一双旱冰鞋出现在镜头中，悠闲放松地在索克海边广场上滑出流畅的曲线。他在这里找到了精神的解脱，通过建筑，他终于了解了父亲是怎样的人——富有情感、诗意和哲理，用强烈的秩序感呵护着人类精神的自由；既有严谨的理性，又充满温暖的大爱。

我读研究生的时候，耶鲁大学的建筑学院紧邻着大英

1. 文森特·斯卡利（Vincent Scully，1920—2017），美国建筑史学家、艺术史学家和教育家。在耶鲁大学担任建筑史教授长达62年，被公认是塑造了美国建筑史学科的重要人物之一。
2. 安藤忠雄（Tadao Ando，1941年生），日本建筑师。曾做过职业拳击手，后自学建筑，作品常用清水混凝土为材料。1995年获得普利兹克奖。代表作有光之教堂、兵库县立美术馆、地中美术馆、普利策基金会美术馆、住吉的长屋等。

画廊，它是康在耶鲁教书时设计的，朴素且高雅：外表是混凝土，内部是木材，透着非常柔和的自然光。我曾在这座建筑马路对面的礼堂上过耶鲁建筑史学家文森特·斯卡利[1]的课。文森特·斯卡利跟康有过交集。他说康三四十岁的时候，正流行现代主义风格的建筑，很多建筑师都投入到现代主义运动中。康也想投入，但他总是无法在这场运动中找到自己的位置，作品也很难展现自己的风格。直到后来他去了欧洲，在希腊、意大利、罗马等地他画了很多速写，看了很多古典建筑，回来后他找到了建筑秩序和哲理、诗意相结合的方向。可以说路易斯·康是大器晚成。像弗兰克·盖里、库哈斯、安藤忠雄[2]等很多建筑大师，真正的训练都来自旅行，以及他们对历史、社会、生活的认知，而非来自学校建筑专业的教育。

建筑是历史与文明对话所产生的语言。我想康一定是从他看到的古典建筑中，感受、接收到古代人类文明的礼物，又将这些"礼物"通过自己的作品传送给了属于未来的我们。

康是创作者，也是传承者。他把他丰富的感情凝固于由混凝土搭建的空间之中，当我们身处其间，会跨越时空感受到他的情感魅力。所以，建筑并不仅仅是风格或技巧，如果创作者本身没有丰富的情感，即使有再高超的技巧，后人也无法为之感动。

我曾经记忆深刻的儿时感受,
被一位丹麦建筑师的设计所唤醒。

哥本哈根

Copenhagen

自由之城

北欧建筑有一种脱俗、自然、温暖的气质。可能因为这里有安徒生和美人鱼,我一直觉得丹麦是个充满童话色彩的国家。2007年,因为MAD IN CHINA个展,我来到了哥本哈根。

那时候的中国相对于北欧一些国家来说,属于另一个极端——大批大规模的城市建设项目正在快速进行,与北欧缓慢精细的生活节奏形成强烈对比。这也可能是他们关注到MAD的原因:作为年轻的建筑事务所,不仅活跃在中国,此外,他们非常好奇我们那些充满奇思妙想的建筑方案为何有可能变成现实。

邀请我们的丹麦建筑中心当时还位于市中心河边的一处老房子里。若干年后,他们在河对岸建了新的建筑中心,是由荷兰建筑师库哈斯设计的完全现代的建筑。新

哥本哈根

上：MAD 团队于哥本哈根建筑中心老馆前合影，2007 年
下：MAD IN CHINA 个展现场，2007 年

设计由丹麦建筑中心首席执行官肯特·马提纽森（Kent Martinussen）直接推动，由此可见建筑中心对于哥本哈根和丹麦的文化影响力。MAD能在欧洲这么重要的建筑中心办个展，当时我感觉自己很了不起。我们准备了所有重要作品的详细资料参展，包括模型、图纸，同时召集团队主要建筑师一起来到丹麦。一方面，这是一次亮相，请外界见证MAD在欧洲的高光时刻；另一方面，我们想借此机会参观丹麦的建筑。

哥本哈根给我的第一个震撼是，这里骑自行车的人比北京还多。记得我小时候，北京大街上基本全是自行车。我最初是走路上学，高中时搬家到海淀，每天要骑40分钟自行车到位于东城的中学。我骑车的速度越来越快，有时20分钟就能从海淀到东城。回想那会儿，虽然是骑车，但也是在用自己的双脚丈量大街小巷，感受城市的每处细节。

随着北京的马路拓宽和汽车的增加，骑自行车逐渐被认为是一种过去时的生活方式，而且随着城市的现代化规划，骑车确实不方便。共享单车出现前，北京已经很少有

哥本哈根街景一瞥

人骑车通勤了。所以在哥本哈根看到这么多自行车，我很诧异，我从未想到还有能超过我们号称"自行车之国"的国外城市。因为城市尺度并不大，在哥本哈根骑车完全可以满足出行需求；更重要的是，这符合全社会崇尚的绿色生活。只有大部分人身体力行，这种行为才会成为共同价值观被确立。

另一个强烈感受是，北欧人非常注重美食和生活品质。当我们的展览海报在丹麦建筑中心外墙上挂出来时，竟然吸引了很多人驻足、进入展厅。得知他们只是普通的市民，和建筑专业并无关系，觉得奇怪的我问明原因后恍然大悟，原来"Mad"在丹麦语里是"食物"的意思，展览名称"MAD IN CHINA"，让他们误以为这是关于中国美食的展览。

展览开幕式非常成功。本来，身处现代建筑发源地的本地人并不太会关注中国现代建筑，毕竟对大多数人来说，对中国建筑的了解只限于亭台楼阁式的古建筑想象。所以当大家看到展览中那些充满渴望、新意、想象力和变革意

> 1. 比亚克·英格尔斯（Bjarke Ingels），1974年出生于哥本哈根，创办了丹麦最具全球影响力的建筑事务所BIG。作品涵盖各种类型，代表作有丹麦国家海洋中心，纽约W57住宅楼、世贸中心2号楼等。

愿的中国新建筑时，非常羡慕我们这些年轻建筑师在中国拥有的机会。

主办方在开幕式结束后组织了一个派对，很多哥本哈根本地的建筑师都来参加。就是在这个派对上，我认识了比亚克·英格尔斯[1]，现在蜚声国际的BIG建筑事务所创始人。他当时还非常年轻，但已在国际上受到关注。他对我说，很羡慕我们有这么多项目。他在很多地方也参加了大大小小的竞赛，但很少有能变成现实的项目。

距离我们第一次见面已经十多年了，BIG在全球各地开设多处办公室，也有了很多建筑实践。我们后来又见过多次，都非常关心对方的发展和思想的变化，其中一个讨论重点是关于建筑师应该靠灵感还是应该靠方法工作。我认为建筑师需要像艺术家一样，被灵感刺激再创作，每个设计都有它独特的一面，设计师要做的是不重复自己，在不断的创新和突破中找到自我和艺术的生命力。过程非常痛苦，而且会限制工作数量，但这样的作品才有可能成为展现个人天赋的媒介。

与比亚克·英格尔斯，2007 年

1. 1926年，勒·柯布西耶提出了五点现代建筑基础原则：底层架空、自由平面、自由立面、横向长窗、屋顶花园。五原则的背后正是现代建筑精神。
2. 安恩·雅各布森（Arne Jacobsen，1902—1971），丹麦建筑师，工业产品与室内家具设计师。代表作有北欧航空公司（SASair）在哥本哈根的皇家旅馆。

建筑师的另一种工作方法是去创造模式。有了方法和模式，所有人都可以靠掌握模式进行设计。BIG正是这样，并且处于想通过实践来检验这种工作方法对错的阶段。比亚克前老板库哈斯的OMA也是这种模式。但这种工作方式也有缺点，由于模式的一致性，不同作品往往会呈现出近似性。就像柯布西耶，他提出的"现代建筑五原则"[1]被众多建筑师掌握，但晚年的柯布西耶却反叛了自己一回，他脱离了自己创造的方法，让个性驰骋。

比亚克介绍我参观了哥本哈根当地的优秀建筑，住宅、博物馆、剧院等，包括早期让他蜚声国际的代表作。后来我被安排住宿在雅各布森[2]设计的酒店。雅各布森是已故现代主义建筑大师，"蛋椅"是他设计的传世作品之一。他设计的这座酒店经历了多次改造，但仍有几个房间还保留着建筑师最初的设计。我住在其中一间。非常朴素的房间——用北欧当地木材搭配纯白色的墙壁，体现了早期现代主义建筑师追求的那种节制、内敛、优雅的美。从这方面看，北欧建筑和东方建筑文化有些相似。中国传统建筑

1. 约翰·伍重（Jorn Utzon，1918—2008），丹麦建筑大师，2003年获得普利兹克奖。悉尼歌剧院是其代表作。

和日本建筑，往往使用朴素的建筑材料营造极简主义风格的空间氛围。

有一位丹麦建筑师与东方文化有着深厚的关联，他是伍重[1]。所有人都知道他最负盛名的作品是悉尼歌剧院，但很少有人知道他是一位深爱着中国文化的丹麦建筑师。他在丹麦建造的一系列工程，或多或少地体现着中国建筑的特征，例如中国传统民居的马头墙、白檐口等。我们还特意去参观了他设计的一座教堂。大多欧洲教堂都"高耸入云"，然而伍重设计的教堂是平房，是一处让人进入时感到非常平实、稳重的建筑。他同时设计了一个卷曲的屋顶，有一种云一般的感觉，整个空间显得柔和空蒙。屋顶的设计也考虑到北欧的低角度日照，令进入室内的光线变得柔和迷幻。我被这里的冷静与平和感动了。

参观结束后，我走到教堂侧面的庭院休息。我坐在靠墙的长椅上，院子中是一片干净的草地，四周被一圈平层建筑围绕着，我看到一片黄叶从一棵树上飘落，这个画面让我恍惚，好像穿越回儿时住过的四合院。那个院子里也有一

哥本哈根

巴格斯韦德教堂（Bagsvaerd Church）庭院，约翰·伍重 1976 年设计

棵银杏树，院落也是一个内向型的围合空间，四周都是平房……那种感受让我至今印象深刻，因为它与我当时的某种心态形成了非常大的反差。作为一个年轻的中国建筑师，对于自己能够见证、参与大规模的中国城市化进程而感到自豪。同时我又感到惭愧，我已经很久没有静下心来去感受和思考空间带给人们内心的触动。我曾经记忆深刻的儿时感受，在中国城市建设的迅猛发展时期已经久违，此时，在遥远的北欧，却被一位丹麦建筑师的设计所唤醒。这真是戏剧性的瞬间。

丹麦另一个令我印象深刻的建筑是路易斯安娜现代艺术博物馆，一座具有极高艺术水准的国家级博物馆。记得当车停到门口的时候，简直不敢相信眼前是博物馆。低矮的入口，让人误以为是个人住宅。进入建筑后也没发现有很大的房间，而是一组分散布局的平房，组成了一个个展厅。展厅间相互连接，通过玻璃廊子连接起来围合成非常广阔的室外空间。室外空间、花园、草地恰巧面对着湖泊，

哥本哈根

对岸就是瑞典，景色非常优美。你可以感受到建筑竭力节制且成功地控制了自己的姿态，并融入大环境中。

在这种环境下看到的雕塑、画作和其他艺术品，完全跟眼前室外美景结合在一起。这时人们就会感受到艺术内在力量的渗透力，让人的思想和精神得以自由飞扬。国家建筑在文化艺术上的影响力，并不在于建造了多么大型的、了不起的构筑物，而是需要将国家文化自信建立在对自身文化深刻的理解之上。

比亚克还给我介绍了一个自由之地，位于哥本哈根的市中心，克里斯钦尼亚（Fristaden Christiania），俗称"自由城"。

当地的建筑师开车带我从规划完好的社区跨越了几个街区，进入一个看起来像是自由搭建的区域。建筑师介绍说，这里完全自治，生活在这里的人有自我生存和生活的规则与制度。我觉得太神奇了，简直就像城中的特区，甚至可以说是国中国。这片区域面积并不大，大概住了一千多人。自由城建立之前，这里是一处废弃的军营。20世纪

70年代初，一群自由主义人士推倒路障占据了这片区域并在此扎根生活，逐渐把这里变成一个自治社区。自由城有大量的室外涂鸦，有画廊、音乐厅、博物馆等，尽管一直以来社会治安起起伏伏，但是慢慢地变成了具有独特文化气息的地方。城中的建筑非常特别，像是临时搭建，外观朴素，个性鲜明，很有力地表达着自我认知和自主意志。有人说建筑是自由城中最珍贵的资产之一，珍贵并不在于它所等同的货币价值，而是它所展现的独立精神意志。据说自由城的居民很少通过暴力方式对抗政府，少数发生暴力对抗的导火索往往是政府试图拆除自由城的建筑。

自由城的建筑让我思考，通常崇尚自由、平权、民主的建筑往往不会体现权威，相反，历史上那些极具标志性、纪念性的"伟大建筑"，总跟某种权力相匹配。它们赞颂着某种力量，但同时也成就了建筑的辉煌。这就显得很矛盾：如果我们追求的是平等、开放、自由的社会，那该在建筑上如何表现呢？理想社会中的建筑，该如何面对现实中的阶级性、艺术性与人三者之间的关系呢？也许，像哥本哈根这样,将这两种社会生态并置、互补,实现总体规划和自由并存,会是不错的办法。

高迪塑造了一个独特的时代和城市。
高迪成就了巴塞罗那。

巴塞罗那

Barcelona

灵魂之光

每当我想起西班牙，就会想到大航海，想到香槟、火腿、足球、斗牛、探戈，我今天要谈的这个城市，巴塞罗那，也是西班牙一颗独特的明珠。

位于加泰罗尼亚的巴塞罗那城是一座滨海城市，有着特殊的气质，浪漫，热情，奔放，充满艺术的气息。19世纪中后期，一位非常重要的城市规划大师伊尔德方斯·塞尔达规划了当时巴塞罗那的"扩展区"，7.86平方公里的面积划分为数百个街区。这些街区之间相互间隔20米作为主干道，每一个街角和道路形成八边形路口；所有建筑形成沿街立面，同时围合出内庭院，每个街区都有中心花园。整个城市格局井然有序，颜色也是统一使用红色的瓦屋顶，整体感强烈。在这个严谨的方格网规划之上，还有多个地标建筑，构成了城市的一系列公共空间，同时也成为这座城市的文化高地。

> 1. 安东尼奥·高迪（Antonio Gaudi，1852—1926），西班牙加泰罗尼亚地区著名的建筑师，现代主义建筑风格的代表人物之一。以独特而奇特的建筑风格闻名，作品充满了曲线、异想天开的设计和丰富多彩的细节。最著名的作品有巴塞罗那的圣家族大教堂、米拉之家和古埃尔公园等。

　　巴塞罗那最重要的文化高地之一是圣家族大教堂，它由赋予了巴塞罗那灵魂的传奇建筑师安东尼奥·高迪[1]设计。所有来巴塞罗那的游客都会参观高迪设计的建筑，圣家族大教堂是其中最重要的一个。大教堂从1882年开始建造，至高迪1926年逝世时仅完工四分之一；2021年教堂的圣母楼封顶；预计高迪逝世一百周年的2026年高塔及教堂大部分结构完工；装饰工作将于2032年完成。建造持续了近两个世纪，今天可以看到教堂的一部分正在建造中，而早年建设的部分已经看出了风化的历史痕迹。

　　圣家族大教堂的独特之处在于这是一座拥有八个高耸入云的尖塔的建筑群。你不能用哥特式、拜占庭式或者其他建筑样式去描绘这些建筑体，它就是特立独行、纯粹、自然有机形态的存在。建筑的所有细节极具艺术感和雕塑感，成就了这座完全奔放的建筑。进入教堂内部，你会惊讶于它高耸的石头柱子，就像一棵棵树木，支撑着屋顶结构。屋顶结构像一个个深邃的孔洞，透出光线的变化、空间的奥妙。整座建筑渲染着谜一样的氛围，同时又有一种

巴塞罗那　圣家族大教堂尖顶

童话气质——透过彩色的玻璃花窗，映射到室内的阳光有了不同的色彩。

　　这座教堂的设计在当时是有些离经叛道吧，它是如何被接受，而且还有机会被建造出来，这对于我来说简直难以想象。在很多以宗教为绝对权威的欧洲国家，建筑设计必须遵照某种严谨的法式去实施，任何反叛和创新都会被认为是大逆不道，甚至建筑师也会因此受到惩罚。而圣家族大教堂却呈现出特立独行和充满幻想的创造力。它之所以能实现，我想应该不仅仅是因为高迪的天赋，更重要的可能是巴塞罗那的教会愿意且能够包容这样的创新。

　　在我看来，高迪更像是大艺术家。他一生的作品并不多，都是同一个业主（他的一名粉丝）委托建造的，而且全在巴塞罗那这座城市。高迪其他必须去观赏的作品，还包括米拉之家（Casa Milà）。这座住宅建筑的阳台外观呈波浪形，像是一个个骨架和骷髅；部分外立面还有像鱼鳞一样的亮片。建筑的内部空间呈现出常见于人体和植物上的曲线；大量手工艺的材料和细节被运用在门窗、天花板、走

上：米拉之家
中、下：巴特罗公寓

廊、卫生间等地方。高迪还设计了室内的家具，也是充满曲线的有机形态。他曾说直线属于人类，而曲线归于上帝。我猜想他创造的这些建筑和空间，是想让人离上帝更近吧。

他的另一个作品是同在巴塞罗那市中心的巴特罗公寓（Casa Batlló）——以石材雕塑出有机形态的建筑外观；美丽的内庭院的墙壁上贴着深浅不一的瓷砖，可以反射从庭院顶端洒下来的阳光；由于光线越往下越暗，瓷砖的颜色由上至下需要相应地变浅，才让空间显得不那么昏暗。可见设计师是将建筑的装饰、色彩、功能和美感完全融合在一起考虑的。

在离巴特罗公寓不远处的一座山头上，高迪还设计了古埃尔公园（Park Güell），一处天才创造。屋顶上一个个伫立的烟囱雕塑，形成了起伏的花园。如果说高迪之前做的建筑是把自然语言带到城市中，那么古埃尔公园就是直接在自然环境中创作——他通过柱廊、平台等各种建筑语言将奇思妙想与自然景观结成一体。

高迪是传奇人物，他的出现和创造是那么独特——虽然他的作品也使用了大量西班牙特有的材料，如马赛克、瓷砖、瓦和石头等，但他所运用的方法和呈现出来的效果与其他建筑师却如此不同。可惜在巴塞罗那举行有轨电车通车典礼当天，高迪不幸被电车撞倒送医不治，意外离世。出殡那天，巴塞罗那全城的人都来为他送行，他被葬在了圣家族大教堂的地下墓室。

高迪有七件建筑作品被联合国教科文组织列为世界文化遗产——被列为世界文化遗产的近现代建筑并不多。高迪从极具个人风格、与众不同的艺术角度出发的创作，最终变成了全人类的财富。全世界都在欣赏他创作的建筑艺术，享受着身处这些空间之中能得到的自由的思想和想象。

其实，西班牙的建筑一直非常了不起。从大航海时代到现代主义、未来主义，每个阶段都有具世界影响力的西班牙建筑师，他们的作品能一直保持很高的水准。有时候我想，高迪存在的意义究竟是什么？如果高迪从没出现过，那西班牙的美景、美酒、美食，还有其他那些美丽的西班牙建筑一样还会存在。一方面，建筑是时代的产物，它随着文化兴衰和技术变化而变化；但另一方面，高迪让他创造的一切都变成了"意外"——他用与众不同的、脱离时代的创作，甚至可能在短期内会被认为是离经叛道、不合时宜的行为，最终塑造了一个独特的时代、一座独特的城市，证明了建筑就是艺术。人类历史上有很多的创造和文明，出现得就是这么偶然，绝不是靠循规蹈矩凭空出世的。

我们今天理解的建筑，从设计到建成要花费数年时间，但我们已经很难认识到，建筑是可以超脱于时间成本和金钱成本的，建筑可以成为超越生命的永恒的事业。

几年前我去巴塞罗那演讲，有机会享受了一次圣家族大教堂的夜游。教堂白天游客太多，晚上则呈现出完全不同的气氛。在教堂里我遇到了日本裔艺术家外尾悦郎，他已经在圣家族大教堂工作了25年，他的师父是最早建设这座教堂的设计师之一。因为要在建造过程中不停地去设计和创造，所以他们实际上同时是艺术家、建筑师、工匠。

他说他了解而且很喜欢我们的作品,并兴奋地带我去他位于教堂内部的工作室——一个密室参观。"密室"里面是大量正在进行的建筑细节的创作。等圣家族大教堂完全建好时,他就为这一项目工作40年了。这意味着他的一生以及所有的情感都投注在这一座建筑上。他从工作室的柜子里拿出一块金色琉璃送给我做纪念,说这是很早就已经使用在教堂上的材料。我备感荣幸。

那天更让我惊喜的是,U2乐队的主唱保罗·大卫·休森(Paul David Hewson,通常被称作Bono)突然出现在我面前。原来,外尾悦郎同时答应了Bono,也给他做夜游导览。于是我们就一起进行了这次浪漫的圣家族大教堂夜游,并且以这位日本建筑师先生为信使,展开了一场跟高迪的隔空对话。

高迪之外,巴塞罗那也有令人难忘的现代建筑。说起巴塞罗那的现代建筑,就不得不提现代主义建筑大师密斯·凡德罗[1]设计的巴塞罗那博览会德国馆。密斯是德国

---

1. 路德维希·密斯·凡德罗(Ludwig Mies van der Rohe,1886—1969),德国现代主义建筑大师之一,1930年至1933年任包豪斯建筑学校校长,与赖特、勒·柯布西耶、格罗皮乌斯并称"四大现代建筑大师"。

与外尾悦郎、U2主唱Bono一起夜游圣家族大教堂，2015年10月

巴塞罗那

巴塞罗那博览会德国馆

人,曾经设计过德国的柏林新国家美术馆。后来他搬到芝加哥,成为芝加哥学派的重要人物,设计了芝加哥很多高层地标,还在纽约设计了西格拉姆大厦。他的格言是"少即是多"(less is more),这对美术设计界产生了巨大的影响。极简主义的建筑风格,有时代感的同时,也有一种诗意。

巴塞罗那国际博览会德国馆是一座单层建筑。屋顶是由几根柱子支撑着的一片水平飘板,围绕着这些柱子的是横竖垂直的几道墙。墙围合着空间,仿似在空间中游动,形成了室内和室外的流动空间。建筑的柱子是标志性的纤细不锈钢四棱柱。一切都非常简洁和节制。唯一让这座建筑与古典还有一些联系的,就是使用了具有很强纹路的大理石墙面。但密斯的使用方式是把大理石劈开,用镜像方式去拼接,镜像后的大理石花纹竟展现出一种古典美。

我有一位美国的建筑评论家朋友,他住在芝加哥一栋由密斯设计的高层住宅楼中,室内的空间是精确和完美的。他说,每天从房间下楼,从门厅迈一步到大街上的那一刻是十分困难的,那意味着要从一个完美的、经过严谨推敲

1. 阿道夫·卢斯（Adolf Loos，1870—1933），奥地利建筑师与建筑理论家。

的极致且干净的空间，突然进入到一个混乱、肮脏、失控的现实世界中。从他这个表达也能看出，密斯的作品体现的是精确且简洁的建筑美学，在这个失序的世界中，反呈现出一种诗意。

建筑师阿道夫·卢斯[1]也有著名的"装饰即罪恶"（ornament and crime）观点。他认为在现代建筑语境中，超越使用功能的一切都该被认为是"装饰"；它们是多余的，应被废弃。我想起了一次名为"去材料化的巴塞罗那国际博览会德国馆"的展览，就是用白色贴纸贴住密斯设计的德国馆的所有墙面和地面。整个建筑就像一个白纸板模型，材料的颜色、机理特征完全消失，只剩空间。我实地看过，觉得空间魅力骤变，不如原来能看出材质时舒服。即便再"少即是多"、再极简，某些信息还是要通过建筑材料去传达的。

密斯在美国伊利诺伊州设计的范斯沃斯住宅跟巴塞罗那博览会德国馆一样，都有着透明的大玻璃，但被业主控诉建筑无法提供足够的私密性。可见同样特性的材料，在不同建筑中的含义是不同的。一如中国古建筑的材料，不仅具有结构功能，还被赋予别样意义，具有装饰或者讲述故事的功能。因此，一座建筑就很可能成为集美术、雕塑、建筑之大成的集合物。

巴塞罗那同时拥有高迪和密斯的建筑作品。如果将二人的作品并置，会发现其材质、形式、技术、审美观大相径庭；但是他们有一个共同点——追求极致。他们极致到决绝，毫无妥协余地，完美地把自己宣言式的作品呈现在世人面前。正是这些极致、不妥协的作品，形成了我对巴塞罗那的城市印象。如果一座城市的文化可以允许独特而多样的建筑出现，那么这些建筑也就会成为这座城市的魅力所在。

建筑的创造，重要的不是形式，不是仿照，而是要创造未来。

鄂尔多斯新城今天充满争议,
它让公众重新理解地方传统和城市梦想的关联和矛盾。

鄂尔多斯

Ordos

荒野超现实

我的工作室有一个项目，已经建成了很久，但谈论度远不及其他建成作品。我对它的记忆，有点说不清道不明，像是梦的感觉，很不真实，如电影里那种灰蓝色的、遥远的场景一般。这个项目就是2011年建成的鄂尔多斯博物馆。

项目起始于2005年。工作室成立后的第二年，当时我还没有接到任何设计委托，所以不停地参加竞赛，两年内参加了一百多个。这意味着在那段时间里，我差不多见了一百多个业主，看了一百多块地。就是在那种疯狂的状态下，我接触到了这个项目。我已记不清究竟是什么契机让我们遇上，只记得当时去了鄂尔多斯，接待我们的领导应该职位不低。同行的还有其他建筑师，包括几个外国人，我们一起跟着那位领导去看场地。

项目场地离鄂尔多斯老城有十几公里。当天，开车出

鄂尔多斯

规划中的鄂尔多斯新城一片荒芜，2006年

了老城,开了大概半个小时,窗外一直是荒野。我很纳闷,开出这么远的地儿,这还能算一个城市吗?正想着,车停了,领导说到了。这里除了一些植物和远山,整个就是一片戈壁滩,什么都没有。这时,领导开始介绍,未来会有几十万人在这里生活,这个城市需要怎样的建筑,怎样的形象。

话说到此,我还分不清东南西北,领导突然指着一个方向说,那是他们马上要建的政府大楼的位置。顺着他指的方向,我没看见任何东西,走近才发现这里已经被围起来了。

估计同行的建筑师之前很少遇到这种看起来很不靠谱的项目,或者说乌托邦一样的状况。有的人已经掏出手机给家里打电话,有的人在聊天,大家好像都在嘲笑这个领导,也像是在嘲笑自己:为什么到这么远的地方,来看这么一块荒地?这时有建筑师开始和领导激烈地争论起类似选址和可行性的技术问题。这位代表政府的领导像英雄人物一般,一脸严肃,他对我们说,他坚信这个宏伟的造城

鄂尔多斯

1. 理查德·巴克敏斯特·富勒（R. Buckminster Fullerr，1895—1983），美国建筑师、哲学家、发明家。为1967年蒙特利尔世博会设计的美国馆被称为"富勒球"。富勒留传在世的建筑作品很少，但关于建筑、人类、地球、宇宙的思想影响深远。

计划能够实现；他说他们现在很有钱，对他们来讲每年最大的困惑是如何在内蒙古自治区的城市GDP排名中不那么靠前，不要让别的城市领导太没面子。

回到北京我们开始做方案。我突然想起了一个很有意思的人，富勒[1]，一位伟大的幻想家和结构大师。他晚年提出了一个非常科幻的想法：给纽约曼哈顿做一个巨大的玻璃穹顶，把大半个城市罩起来……之所以会想到，是因为之前我在鄂尔多斯看到的新城规划模型，标题叫"草原上升起不落的太阳"。从这句话，就能知道规划师完全拿捏了政府的心思，城市中心有一个大圆广场，向四周发射出一系列象征阳光四射绿化带景观。看到这个规划时，我就很想做个大罩子给它罩起来。它并不是像巴黎那样的发散型的城市规划，这个所谓的"太阳"仅仅是一个图案，比较牵强。其实，就算这是一个真太阳又怎样呢？城市规划不应该只是个几何拼图和一个故事。文化被当作一种商业标签被贩卖了，就好比把毕尔巴鄂的古根海姆博物馆搬到迪士尼乐园，立刻丧失了建筑原本的文化价值。

富勒和他的曼哈顿穹顶

当时我的想法是，如果未来整座城市充满了让人窒息的建筑场景，那么我设计的建筑，需要一个富勒的保护罩，可以把博物馆的内部空间保护起来。所以，我们决定设计一个很大的、不规则的壳体，内部有展馆和公共空间，自然光可以从建筑顶部直接射进来，置身其中完全是一个新世界的感觉，与世隔绝。建筑外壳则由反射金属百叶包裹，我希望它能将周围的环境反射回去。

提交了方案后，因为同时还在做着其他项目，我们就把这个设计放在了一边。出乎意料的是，时任鄂尔多斯市委书记拍板选中了这个方案，原因是它"很新颖"，像蒙古的石头一样坚固，代表着时间的积累，有未来感。中标消息对我来说是个意外惊喜，我们虽然没有向政府讲述整体建筑的构思过程，但政府已经从设计图中读懂了另一层含义，和他们所盼望的"不落的太阳"一样的象征意义。

不久之后再去这个城市，我记得特清楚，之前还没开工的政府大楼已经封顶，周围的道路系统真的按照规划模型建好。这让我不得不佩服政府的执行力。陪同我们的政府人员说，再过几个月，所有的政府部门都要从老城区搬到新大楼工作，他们要在这里看着整座新城市拔地而起！

一次无意中我从电视上看到了那位市委书记在香港招商引资的采访。他穿着西装，头发油亮，很有风度地介绍着鄂尔多斯的旅游资源、本地能源和政府的各种优惠政策，希望吸引全世界的目光，让他们到鄂尔多斯投资。我觉得他是位有梦想的政治家，完全不是我们脑子里刻板的"干部"形象。也许只有这样的人才会拍板建造我们的设计。

当年的鄂尔多斯连机场都没有，我们每次都要先坐飞机到呼和浩特或者包头，再乘几个小时的汽车。遇到大雪，周边城市的机场都会关闭，我们不得不从北京开将近十个小时的车过去，还常住在没有暖气的酒店。有几次都是半夜到，在昏暗荒凉的大街上开车有种电影《新龙门客栈》的感觉。我每次都默默发誓再也不来了。

要在这样一个城市建造如此复杂的建筑在当时几乎不能想象——建造难度太大，施工速度也快不起来。工程初期竟然发现钢结构错位，原来当时的承建厂家没有国家施工资质，这导致了短暂停工。粗放型的建设风格和需要精确测算的建筑设计发生了可怕的冲突。随着工期的深入，我越来越发现自己已经卷入了一个急流：疯速的建造折现的中国城市疯狂发展，竟然在当时的西部地区也表现得淋漓尽致。

多年后，2014年的一天，我们办公室收到了一封美国来信，邮寄的那种，打开一看，是《星球大战》的导演和编剧乔治·卢卡斯写来的。

他要建造自己的私人博物馆：卢卡斯叙事艺术博物馆，邀请我们参加国际设计赛。当时我觉得不太可能有这么好的机会，认为是假的。经过联系，得知卢卡斯确实是邀请我们参赛。参加的同行还有我的老师扎哈，我老师的老师库哈斯，以及几位欧洲建筑师。

后来，在飞去美国与卢卡斯见面时，我问他为什么邀请我们参加竞赛，他说他的团队收集了近几年全球新建的25座博物馆，从中挑选了五位他们认为展现了未来建筑风格的建筑师作为最终的候选者，25座博物馆中的一座就是我们设计的鄂尔多斯博物馆。

鄂尔多斯博物馆是我少有的在非常年轻的时候设计并建成的作品,没想到让卢卡斯看到了。

我没跟卢卡斯本人说的是,我早期设计鄂尔多斯博物馆的时候,脑子里一直浮现一个画面:一艘来自外太空的飞船,降落在沙漠戈壁中,飞船的外壳反射着周边沙漠的景色和光线,现场充满了超现实感。那时,我隐约觉得这个画面来自一部电影,具体是哪部记不太清楚。后来,我发现那部电影正是《星球大战》。

在鄂尔多斯博物馆的设计中,我想创造一个降临在千年戈壁的外太空物体的形象。神奇的是,这创造辗转被卢卡斯注意并产生共鸣,而且最终又由我来设计他的博物馆。

一场冥冥之中的跨时空对话。

步入博物馆的一刹那,好像进入了一个明亮而巨大的洞窟,与外面的现实世界形成巨大反差的峡谷空间展现在眼前;人们在空中的连桥中穿梭,仿佛置身于原始而又未来的戈壁,时而幽暗私密,时而光明壮观,博物馆大厅完全采用自然光照明

现在的哈尔滨需要一个具有"毕尔巴鄂效应"的文化项目，让城市重新焕发精神。

哈尔滨
Harbin

毕尔巴鄂效应

哈尔滨是中国"最东北"的一座大城市。由于地理位置及历史原因,哈尔滨在20世纪前半叶曾是欧美很多国家驻华领事馆的所在地,繁华、开放、高度国际化,被称为"远东第二大国际化都市"。也因此,哈尔滨市内至今仍保留有很多欧式建筑,其中又以浓烈的俄罗斯风格建筑为主,最有名的是位于哈尔滨中央大街旁的索菲亚大教堂。我第一次到哈尔滨的时候,就觉得这座城市和国内其他城市大不同,有一种很强烈的异域感。

新中国成立后,哈尔滨从经贸中心逐渐转变成工业中心,重工业成为城市主要产业支柱。但后来国家产业转型、重工业逐渐退出经济主舞台后,哈尔滨与中国很多其他工业城市一样,开始逐渐衰退,曾经的辉煌与今日的黯淡形成了强烈的对比。但由于特殊的历史进程和地理位置,今天的哈尔滨仍然是一座充满艺术气息的城市。比如，哈尔滨是亚洲唯一的"音乐之都"，每年夏天都会举办"哈尔滨之夏"音乐会，吸引着国内外众多专业、民间的音乐团体。音乐会的另一个特点是演出分布在不同的城市空间，可以与市民互动。遗憾的是，哈尔滨一直没有自己的大剧院。

建筑界有一个概念叫"毕尔巴鄂效应"，来自西班牙工业小镇毕尔巴鄂。在这个小镇上，普利兹克奖得主、建筑大师弗兰克·盖里设计建造了古根海姆博物馆，让这座古典工业小镇显得超脱不凡。这座如当代雕塑一般矗立的金属材质博物馆，像个来自外太空的产物。合金建筑与古典小城之间产生了非常戏剧化的对比，吸引了世界各地，尤其是欧洲大量的游客、艺术爱好者，毕尔巴鄂这个衰败的后工业小镇重新复苏，并在经济上获得极大成功。"毕尔巴鄂效应"后来专门被用来形容通过艺术和设计实现的城市复兴。

当我们开始进行哈尔滨大剧院设计时，最主要的挑战来自大剧院的定位——哈尔滨的大剧院应该是怎样的面

毕尔巴鄂古根海姆博物馆

哈尔滨

从卫星图上看,东北大地与松花江交错相连

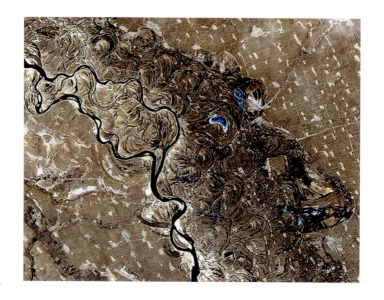

貌？在我看来，域外文化在哈尔滨留下的辉煌已是过去式，现在的哈尔滨需要一个具有"毕尔巴鄂效应"的文化项目，让城市重新焕发精神。

我还记得在飞机上俯瞰东北大地的场景：蜿蜒曲折的松花江经过岁月的沉淀，在大地上留下了非常优美的曲线，这些曲线形成了独特的大地景观。

东北的地貌本身便极具地方特点，这应该成为哈尔滨新的能量动点——新建筑应该与大地、流动能量产生关系，跳脱和超越原有俄式风格和现代工业美学，营造出独一无二的大地艺术氛围，以艺术和当代新建筑融合的姿态，成为哈尔滨新地标。

项目离哈尔滨江南老城区比较远，位于当时新开发的江北区的一处沿江湿地，湿地当时的状态非常好。这次设计的建筑不应只是一个物体，而是从大地生长出来的自然景观的延伸。所以设计时我们首先和景观设计师合作，将水面加大，把湿地完整地保留。湿地中的原生植被、生态圈等也都得以保留下来。最终我们设计了一组匍匐在大地

哈尔滨

哈尔滨大剧院是一座从四面八方都可以进入的"亲切"建筑；即使不观看演出，市民也可以通过建筑外部环绕的坡道，从周围的公园和广场一直走到屋顶

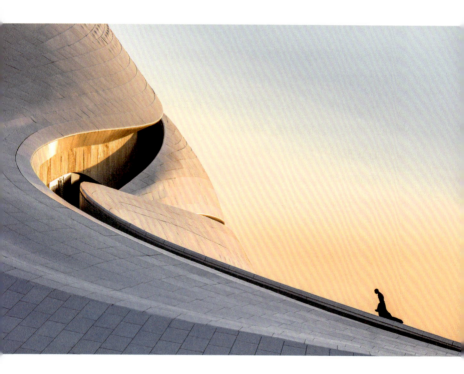

上、拥有雪山般起伏曲线的建筑,建筑的外立面完全跟湿地风景融合在一起,呈现出开放的姿态,仿佛在邀请人们来此游赏。

哈尔滨大剧院建造的同期,在建的大部分地标建筑往往会有意拉开建筑与人的距离,营造一种高高在上的殿堂感。但我却认为文化建筑应该有亲和力,不应只是游人拍照的背景,而是能与每一个人产生关系。所以,建筑的互动性变得非常重要。我们希望建筑能够成为人们近距离接触、攀爬、游走的景观装置,同时也是湿地公园的立体延续。无论是白天还是晚上,无论演出与否,人们都可以经由湿地公园走进建筑内部,或者顺着建筑向上攀走,到达屋顶——一处凝视天空的室外剧场,完成一次从水平大地到垂直深远的天空的精神延伸。

这是一座可以呼吸、与光线和自然完全融为一体的有机建筑。建筑内部是极具雕塑感的、充满自然光的木质建筑空间。室内就像是放大的乐器,让人感到声音的流动、时光的变化。

哈尔滨

大剧院室内主要以当地常见木材水曲柳手工打造,简单纯粹的材料和多变的空间组合为最佳的声学效果提供了条件;大剧院顶部的玻璃天窗最大限度地将室外的自然光纳入室内,洒落在剧场中庭的水曲柳墙面上

哈尔滨

这样的建筑并无特定的风格，也与俄罗斯传统古典建筑没什么关系，但它所创造的独特体验，吸引了海内外众多目光，大量的国际知名艺术家和演出团体到此演出。某种程度上，它唤醒了外部世界对曾经辉煌的中国重要城市的重新关注：一些欧洲的表演大师和团体来中国演出，首站往往选择哈尔滨大剧院。

我印象非常深刻的是2016年，哈尔滨大剧院建成的次年，圣彼得堡马林斯基剧院的指挥大师捷杰耶夫携原创歌剧《战争与和平》，率领四百多人的演出团队来到哈尔滨大剧院。那是一场史诗级的演出，也是中俄两国之间一次重要的文化对话。

捷杰耶夫在哈尔滨大剧院演出期间，我们有一次会谈。他非常惊叹哈尔滨会有这样一座建筑：建筑和城市历史本身的对话为文化表达创造了新的时空，而这又让戏剧的张力为多元文化的创生扩展了空间。捷杰耶夫后来还邀请我去圣彼得堡参加马林斯基戏剧节。在开幕式上，普京做开幕致辞，肯定了文化创新对国家和城市的整体精神的影响。

上：圣彼得堡马林斯基剧院原创歌剧《战争与和平》在哈尔滨大剧院演出现场，2016 年
下：小剧场的台后设计为透明的隔音玻璃，为舞台创作提供了新的可能性

剧院、音乐厅、美术馆、博物馆等文化设施，在欧洲是人们日常生活的重要组成部分。在中国，人们在文化设施中的参与感还不算很强，这大致归因于两方面：一是这些建筑大多由政府负责兴建，建设时过于强调文化设施的精英性，而忽略了与人们日常生活的有机结合。二是虽有场所，但往往缺乏有价值的内容：美术馆里展品不足；音乐厅、歌剧院没有足够的演出。哈尔滨大剧院的运营团队都是戏剧艺术忠实的发烧友，为了理想他们极其努力地运营剧院、创作作品。

《狂人日记》是欧洲戏剧大师陆帕导演的时长四个小时的原创剧，2021年3月，在哈尔滨大剧院首演，观众从全国各地专程前来。很多人或许会问，四个小时的先锋戏剧对观众是否有足够的吸引力？答案是肯定的。首演座无虚席，直至戏剧结束。中场休息时，一位观众在剧场前厅拦住了我，问我是不是建筑师马岩松。在得到肯定回答后，他说："这座建筑设计得太好了！我就是因为喜欢这座建筑才喜欢上了戏剧。"这对我来说是最大的褒奖，从这简单的一句话，我收获了极大的满足感。

空间和艺术作品,都能予人以巨大的能量。无论城市的经济实力如何,文化设施的影响力并不在于建了多大的场馆,而在于它所体现的文化、内容、艺术上的造诣以及人在其中的参与感等,这些才是塑造城市精神面貌的种子。哈尔滨大剧院建成后,美国CNN电视台前来拍摄,制作了一期节目,题目为"这是中国最美的建筑,甚至超越了悉尼歌剧院"。这个视频让很多人重新认识了哈尔滨——成功地通过一个建筑影响并带动城市的文化活力,让它从过去的工业辉煌中转型,逐步迈向文化振兴。

后来,中国很多城市开始建设当地的剧院,我们有幸受邀在国内几个重要城市设计文化项目。文化项目运营成功的关键因素是内容和特色,所以每一次我都会首先跨越传统建筑师的工作范围,去帮助城市为文化影响力定位。

哈尔滨大剧院完成之后,我们在黑龙江又建造了一个作品——亚布力企业家论坛永久会址。

哈尔滨 亚布力企业家论坛永久会址及设计手稿（上）

亚布力企业家论坛始于2001年，也被称为"中国的达沃斯"，是中国企业家的思想交流平台。每年正月十五前后，企业家们齐聚北国雪山脚下进行思想交流。随着中国的崛起和发展，民营企业家茁壮成长，侧面见证了中国的历史走向。因此建造这个会址的愿景，除了为中国企业家提供具有世界水准的会议空间外，也是对民营企业发展历程的见证和纪念。

建筑位于哈尔滨尚志市亚布力，这里是国内外闻名的滑雪胜地。建筑像是匍匐在雪山脚下的一顶大帐篷，内部是温暖的木头材质，充足的自然光可以从屋顶天窗进入室内。亚布力论坛崇尚参会者之间真诚放松的交流，就像围坐在篝火边畅所欲言的夜话。我们希望这个建筑也能表现出这种聚合的能量。建筑外观相对于大山呈现出的是一种谦虚的姿态，一种试图与周边的自然环境对话、融合的形态。它和哈尔滨大剧院所处环境不同，但都表现着对大自然的尊重和敬畏，这也是我们这个时代看待自然环境的一种新的态度：创新建于尊重之上。

亚布力企业家论坛永久会址整个屋面曲线一气呵成，挑檐而出，充分舒展；内部是温暖的木质，自然光通过天窗射入室内

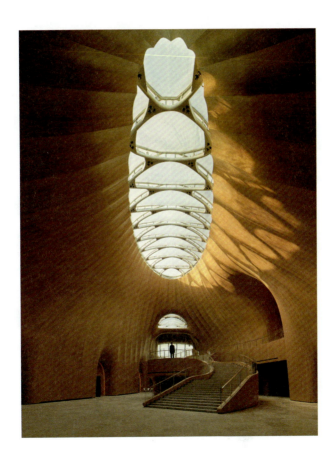

如果看待历史的同时并没有解决问题的智慧,
那么所有批评都无意义。

巴黎
Paris

文化复兴的底气

一说起法国巴黎,所有人的脑海里都会想到卢浮宫、巴黎圣母院、午夜巴黎、红磨坊……一个充满艺术色彩的传奇城市立即浮现在人们脑海。那么这个城市的建筑是如何体现它与其他城市截然不同的气质呢?

巴黎是一座格局极为明确的城市。19世纪中期,法国塞纳区行政长官奥斯曼男爵执行拿破仑三世的城市建设政策,重新规划和建设巴黎。城市建筑的高度被统一限制,建筑颜色、街道立面、城市广场及各条轴线,形成了极强的城市秩序格局。凯旋门所在的位置有一个圆形环岛,有点像古罗马,发散性的道路与城市多个轴线相连。这些轴线的交叉点,除了凯旋门外,还有巴士底广场、巴黎大皇宫、巴黎歌剧院等,这一切形成了一种既有艺术氛围又充满英雄主义色彩的城市格局。

巴黎的建筑大都由淡黄色的石灰石建造，被简称为"奥斯曼式"。建筑有着巨大的圆形拱顶，颜色、立面，甚至层数基本上都统一。石墙为主的建筑立面上开着法式特有的窗户——一般是竖形长条落地窗。窗户外往往带着面积极小的法式阳台，作为休憩和与邻居、行人交流、观景街道所用。有些阳台还布有花池，景观统一、整洁。

建筑的一层往往是临街的商铺，有咖啡店、面包店、餐厅等。巴黎街头有一道独特的风景，就是几乎所有的沿街店铺都会在便道上面朝道路摆上座椅；一年四季，任何时候都有人坐在室外，形成极有意思的"人看人"的空间形态。巴黎人非常乐意跟朋友、同事一起坐在街边的露天餐厅或咖啡馆吃饭、喝酒，形成非常独特的城市景象。

无论是古典的还是现代的，巴黎街道店铺和建筑立面都非常精致。由于总体是集中在一个时期规划建造的，所以城市的整体性极强——就算在城中插入一些特殊的新建筑，也不会破坏城市的整体感。需要注意的是，这种和谐的达成是通过对新建筑物的尺度——高度和体量的把控，

巴黎街头

以及严格的规划，而不是通过统一材质或风格而达成的。

巴黎的另一宝，应是塞纳河。这条河蜿蜒穿过城市，河两岸就是卢浮宫、法国国家图书馆、巴黎大皇宫、奥赛美术馆、埃菲尔铁塔、东京宫……这使整条塞纳河也成为了城市重要的线性景观。同时，跨接塞纳河两岸的桥梁也很有特色：有的是几个世纪前建造的经典石桥，有的是后建的钢制桥梁。在很多电影中，巴黎的桥都被作为故事的背景出现，《盗梦空间》里便有巴黎钢桥"比尔阿克姆桥"的场景。

即将到来的2024年巴黎奥运会将把塞纳河作为运动员进入巴黎的仪式通道。大家乘船经过这座城市，市民同时在桥上观看，这是多么有创意且浪漫的场景啊！我的艺术家朋友蔡国强[1]曾在巴黎创作名为"一夜情"的艺术项目。他在塞纳河的观光船上摆放了50顶帐篷，来自全球各地被选中的情侣可在帐篷内欢爱。这是具有独特巴黎气息的行为艺术。

整体感强烈的巴黎老城里，有两座非常显眼的建筑物，

---

[1] 蔡国强，1957年生，中国福建籍艺术家。艺术表现横跨绘画、装置、录像及表演艺术等数种媒材。其著名的火药爆破艺术和大型装置充满活力和爆发力，超越平面，从室内空间走向社会和自然。

一个是举世闻名的埃菲尔铁塔，另一个是巴黎老城里唯一的高层建筑蒙帕纳斯大厦。这两栋建筑，都有非常有趣的故事。

很多人知道埃菲尔铁塔建于1887年，是法国为举办世博会而招标的建筑。铁塔的设计师是古斯塔夫·埃菲尔，设计目的是显示法兰西帝国的国力。那时候能使用钢铁、展示用钢铁建造的能力，是国家实力的体现。在这样的历史背景下，埃菲尔铁塔非常突兀地骤然出现在了巴黎。铁塔与城市中的低矮传统建筑产生了巨大的视觉反差，甚至引发了300多名巴黎文化界人士的联名抗议。当时谁也没想到，今天，铁塔已成为巴黎甚至法国的标志。全世界的游客来到巴黎必到埃菲尔铁塔打卡，有时还要登顶俯瞰整个城市。

蒙帕纳斯大厦命运就不一样了。这座高层建筑建于1972年，之前，全世界已经开始进行摩天楼的建设。我认为摩天楼的鼻祖是埃菲尔铁塔。摩天楼的建造显示了相应的实力，实力的背后其实就是权力和资本的力量。在资本

巴黎

被称为"巴黎的伤疤"的蒙帕纳斯大厦突兀地矗立于城市中心

社会，摩天楼已经成为资本主义最显著的纪念碑。当摩天楼风靡世界后，终于在巴黎市中心建成了这座高楼。但所有巴黎人都在批评它，因为它不仅突兀，而且还丑陋。巴黎人称之为"巴黎的伤疤"。

自此之后，巴黎出了一个规定：巴黎老城不再允许建造任何高层建筑；如要建高层建筑，只能建在巴黎老城往西大概十公里的新城区"拉德芳斯"。新城中心建造了"新凯旋门"，与老城中的古典凯旋门在同一轴线上遥相呼应。在新城里，有一些由钢和玻璃构造的摩天大楼新建筑。这让我想到了北京。北京的老城因为严谨的规划而呈现强烈的整体性——围绕着紫禁城，周边统一灰色坡屋顶的四合院，形成了基本的城市格局；加上钟楼、鼓楼这些地标建筑，最终构成了极具灵气及精神性的老北京。然而，在后来的城市发展中，陆续拆除了一些四合院，增加了一些现代建筑，老城肌理和尺度逐渐地被破坏。

这几年，很多人重提"梁陈方案"——1950年2月，梁思成先生和陈占祥先生共同提出《关于中央人民政府行政中心区位置的建议》，史称"梁陈方案"。这个方案有些像巴黎的"拉德芳斯新区规划"方案——把老城保护起来，建造远离老城的新城市中心，在其中放置新的行政机关和新商业区。"梁陈方案"的重提，其实表达了人们对北京老城被破坏的惋惜之情。可是我想指出，当时"梁陈方案"建议"中央行政区"选址西郊月坛与公主坟之间的地区，但北京西边有山，实际上并没有足够的空间可供发展，这个选址并不理想，缺少对未来城市发展规模的判断，今天的北京，看起来更适合围绕老城区发展多中心的形式。

此外，很多人质疑拆除北京城墙的决定。除了永定门、德胜门等少数城楼经历了拆除后复建，大部分城楼都不复存在，这十分可惜。当时，对是否拆除老城墙城楼有过非常激烈的争论。支持者认为，老城墙在古代起防御作用，而新中国没有这个需求，它们已经失去了功能；城墙的保留会对城市交通造成很多不便。不得不说，这个理由是成立的。是否既能实现交通便利又能保护文化古迹，这本身是挑战大家智慧的问题，并不能简单地以非黑即白的二元论来解答。发展不等于破坏历史，保护也不应等于停滞不前。

　　我真正想说的是，如果质疑当时拆除城墙的决定，那么今天的我们是否有能力做出更好的选择呢？倘若北京保存着完整的古城墙，没有二环路，该如何解决城市交通的问题？如果能有答案，那么我建议马上考虑把整条二环路废弃掉，改造成绕城的线性公园，这说不定更优于用古城墙遗址改造的效果。但如果今天的我们也没有能力下这个决心，我们批评前人的立足点又在哪里呢？我想这其中的关键是——今天的我们，面对未来，是否有能力做出足够有智慧的判断。

　　如果看待历史的同时并没有解决问题的智慧，那么所有批评都将是无意义的。一座城市的历史也并不是非黑即白、非左即右，它需要人去协调和统一，在关键时刻做出正确的抉择。而这种能力只有在对历史和文化充分自信的状态下才可能实现。

　　回归巴黎的话题。现在的巴黎人怎么对待那座丑陋突兀、被称作"巴黎的伤疤"的大楼呢？

2016年，巴黎决定要解决"巴黎的伤疤"问题，他们举行了国际建筑设计赛，对"巴黎的伤疤"提出改造计划，MAD有幸受邀参加并入围了最后的决赛。

我们的提案是通过光学原理改变这栋黑色大楼的外立面，所有周边的环境都会被反射成与现实上下颠倒的幻象。这个方案称为"倒挂巴黎"。从某个特定角度望向大楼，甚至会发现埃菲尔铁塔被180度上下颠倒，等比例反射出现在大楼立面上。

我向市政府汇报方案时，在图片打开的一刻，我听到了全场的惊叹声。大家都被这张图震惊了。所有人都没有想到，那个不可撼动的、人人熟知的地标埃菲尔铁塔，竟然被倒挂了起来。大概过了几分钟，大家才慢慢地从受到的视觉冲击中缓过神来，开始向我提问：为什么你要把埃菲尔铁塔倒过来？我说，你们已经有一座埃菲尔铁塔了，不能再有一个（正的）。当然这是一个玩笑。我想表达的是，我们今天质疑"巴黎的伤疤"，就不得不问一个根本性问题——当初为什么要在这里建造它？从什么时候开始，

1. 让·努维尔（Jean Nouvel，1945年生），法国建筑师，2008年获得普利兹克奖。代表作有阿拉伯世界文化中心、里昂歌剧院、浦东美术馆等。
2. 克里斯蒂安·德·包赞巴克（Christian De Portzamparc，1944年生），法国建筑师和城市规划师。1994年获得普利兹克奖。代表作有巴黎歌剧院芭蕾学校、巴黎音乐城、纽约路易威登大楼等。
3. 多米尼克·佩罗（Dominique Perrault，1953年生），法国建筑师。代表作有法国国家图书馆、洛桑理工大学研究楼等。

高层建筑被赋予了强大的力量和纪念性？而且，我们还一直乐此不疲地追求这层意义？如果不从另一个角度去审视埃菲尔铁塔是高层建筑的鼻祖这一身份，我们还是无法真正反思这个问题。我的作品做出的回答，实际上表现的是对埃菲尔铁塔的批判。我能感到它引起了所有人的思考和赞叹，但我同时也预感到，这个提案最终不可能被接受。

　　巴黎是一座集中了所有现代主义建筑大师作品的城市，努维尔[1]、盖里、贝聿铭、包赞巴克[2]、佩罗[3]、安藤忠雄……我一直梦想着有机会在巴黎建造一座建筑。一天，我突然受邀参与一个设计竞赛，在巴黎市区建造一座新住宅楼。当这个机会真的来临时，我非常紧张，我还未完全准备好要给巴黎带来什么。

　　建筑位于巴黎第17区巴蒂尼奥勒（Batignolles）的马丁·路德·金公园旁。这里原本打算兴建巴黎的奥运场馆，但由于第一次申奥失败，政府决定在这里建立一个新型的、与社会融合的住宅区。整体概念是将规划地块分

巴黎　　参加 UNIC 项目社区讨论会，2012 年 6 月

成若干个小地块，地产商在每一个地块上同时建造两栋楼，一栋商品住宅，一栋提供给社会低收入人士的社会住宅，从而最终达到社区和阶层的融合。每个地块都会选择不同的建筑师，我有幸赢得了其中一块地的设计机会。

记得当时我去参加政府的面试，评委们说，我们很喜欢你的作品，但是这次的设计与以往不一样，它并不要求先有设计，而是要求建筑师深度参与规划，并且要以每周一次的频率与社区人士、居民、人类学家、哲学家、社会工作者等进行讨论和听证，通过这个过程产生建筑方案。听到这里，我脱口而出："我昨天还在中国，今天就到这儿了。才十个小时的路程，我没问题，每周我都会在。"大家顿时笑成一片。结果我们获得了这次机会。

这是一次深度的社会参与，以民主的形式产生建筑。后来的几个月里我确实每两周飞一次巴黎，停留一周参加两场讨论会。会上不乏争论——他们告诉我，在法国工作，吵架是基本功；要适应观点不同但还可以一同辩论的工作模式。事实上，每次辩论后大家都会一起喝酒，成了好朋

巴黎

UNIC 项目工地现场勘察，2012 年 6 月

友。这太有意思了，我非常享受。但真正让我头疼的是，作为第一个在这里实践的中国建筑师，我能为这座城市带来什么？

我的脑子里自动跳出了美籍华人建筑师贝聿铭。由于法国总统密特朗参观了他在美国华盛顿的作品，于是他被力邀操刀卢浮宫博物馆的改造。贝聿铭的设计改造，大部分体现在地下。他将地下空间改造成博物馆的入口大厅，唯一在地面新建的部分，是设计成玻璃金字塔的入口。正因这个金字塔，贝聿铭饱受热爱文化和历史的巴黎人的争议和攻击。很多人批评他：历史上的金字塔是埃及人的坟墓，怎能在"法国的骄傲"卢浮宫上建造一个现代的玻璃金字塔？他们要求把贝聿铭轰出法国，但贝聿铭发挥了他的智慧和华人的韧性，甚至自费建了一比一的模型，让大众体会这个玻璃金字塔的实际效果。最终，密特朗总统没有进行公开竞赛，而是在他饱受争议的时候力挺他，并全权委托他，让他坚持完成这个项目。

今天，卢浮宫金字塔已成为巴黎重要的文化地标。这让我想到我们的故宫博物院。我们有可能接受在故宫古建筑群加建一个超现代的建筑吗？我们是否有勇气去接受一种全新的建筑语言？有时我们总是狭隘地理解保护和创造这两个概念，总以为只要重复历史就是对历史的尊重。其实保护更应是修复、研究，而研究历史的意义在于以新的角度去检视历史，从而启发新的创造。这才是真正的文化自信。

我想我的设计要为城市带来两层价值：首先，它应该是巴黎没有过的住宅新样式；此外，我希望它带有一种东方人对待生活和建筑美学的精神。

最终，我们的方案是一栋带有层层叠叠飘浮式花园的住宅楼。每层楼板有着曲线边缘，追求一种写意，以及一种"不明确"的意境。这些户外花园平台让建筑产生了一种蓬勃自然的生命感。住宅楼有很多户外退台、阳台，充满生机。在建筑首层设计了幼儿园，与艺术家合作设计了地铁站，由此实现了与周边社区的功能融合。建筑物本身成为了一个活着的有机物。

赠送给巴黎市长的 UNIC 手稿

UNIC与另一栋社会住宅共用的裙房,设立了幼儿园、餐饮店、超市及地铁站出入口,以创新的空间形式拉近居民间的距离

1. 理查德·罗杰斯（Richard George Rogers，1933—2021），英国建筑师。2007年获得普利兹克奖。代表作有巴黎蓬皮杜国家艺术文化中心、大英博物馆改造、巴拉哈斯机场、香港汇丰银行等。
2. 伦佐·皮亚诺（Renzo Piano，1937年生），意大利建筑师。1998年获得普利兹克奖。代表作有纽约惠特尼美国艺术博物馆、休斯顿梅尼尔收藏馆、伦敦碎片大厦、巴黎蓬皮杜国家艺术文化中心等。

  一个年轻的中国建筑师，由于首次在法国完成了作品，让MAD受到了关注，也因此收到了在蓬皮杜国家艺术文化中心（Centre Pompidou）举办作品展览的邀请。同时，我们的十个作品，包括巴黎项目的建筑模型，也被蓬皮杜国家艺术文化中心永久收藏。

  蓬皮杜国家艺术文化中心建筑本身由传奇建筑师罗杰斯[1]和皮亚诺[2]联合设计。这栋建筑像一座工厂，所有的管道、结构都暴露在外，如同巨大的钢铁机器，具有强烈的未来感。身在老城中心的这座建筑，无论材料还是风格，都跟传统城市格格不入。这曾让它饱受争议。但幸运的是，一次次的争议逐渐突破了社会对文化的认知。蓬皮杜国家艺术文化中心是跨时代的创造，它给法国未来的新建筑铺平了创新与传统对话的道路。

  我们为蓬皮杜的展览准备了大概两三年。蓬皮杜的馆长说："一般在蓬皮杜的建筑展都是回顾展，艺术家要不就是很老，要不已经去世，这是蓬皮杜第一次给一家年轻的事务所办展。我们看中你们作品表现的强大创造力，我们期待看到这些作品,也很惊讶这些天马行空的作品正一个个变成现实。"

开幕的喧闹,让我回想起与策展人Frederic Migayrou在蓬皮杜旁一家空荡荡的咖啡馆商讨展览计划的那个冬夜。

我跟他约定当天降落巴黎后共进晚餐,但那天赶上了巴黎几十年未见的大雪,机场工作人员无法处理突发情况,飞机落地后所有的行李都提不出来,我一直等到深夜才离开机场。等我到达蓬皮杜国家艺术文化中心时已是半夜,我又累又饿,来到和策展人约定的咖啡厅。咖啡厅已没有了客人,只有他一个人还在等着我。我们在安静的巴黎雪夜聊起了这个计划,那是让我难忘的一次夜话。

那晚我看到的巴黎跟之前很不一样,它平和、寂静;蓬皮杜国家艺术文化中心就在我们的窗外,静静地矗立在那儿。那一刻,我感到了巴黎对深厚历史自信的同时,也充满了面向未来的勇气。我意识到,对传统自豪和自信的文化,一定是面向未来的,而不是保守守旧的;它会一次次地挑战传统,展示无穷的创造力,这才是伟大的文化复兴的真正本质。

巴黎

MAD X，蓬皮杜国家艺术文化中心永久馆藏个展海报，2019 年
来自 MAD 的十个项目的建筑模型展现了源自东方的与天地自然对话的思想根源，也见证了 MAD 从 2004 年成立 15 年来的"疯狂"——超越现实并富于情感的建筑实践；"X"也带有另外一个含义，那就是"未知"，展览希望表达对未知的渴望，这比对过去的总结更为重要

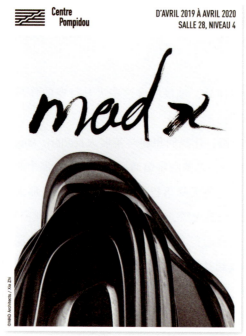

"MAD X"展览开幕现场；上图为我与合伙人党群（左一）、早野洋介（右一）于"MAD X"个展开幕日在蓬皮杜国家艺术文化中心前合影；下图左三为蓬皮杜前馆长Bernard Blistène，右二为已故旅法艺术家黄永砯

我第一次做了一件"不热爱自己建筑"的事情，
离开了项目现场。

伊斯坦布尔 Istanbul

现代文明的危机

第一次到土耳其,是因为我们准备在土耳其第二大城市伊兹密尔设计一处地标建筑。去伊兹密尔必须要从伊斯坦布尔转机,因此我也多次来到伊斯坦布尔。

伊斯坦布尔是一个很美丽的名字,这个城市也像它的名字一样美丽。它横跨博斯普鲁斯海峡,一侧是亚洲,另一侧是欧洲,连接亚欧大陆。

有海的城市特别美,而伊斯坦布尔更美。这座城市不仅海景和山景美,建筑艺术也呈现出深刻的整体之美。如果要说哪个建筑最具标志性,可能一时真说不上来,但总会说出当地几个清真寺的名字,像蓝色清真寺、苏莱曼清真寺,因为这座城市最显眼的就是这些清真寺。这些建筑有着极大的标志性穹顶,以及一组组圆顶;每座清真寺的四周有四尊高耸的尖塔,共同组成了建筑的基本形态。一座座清真寺通过这一切控制了整个城市的面貌——远远近近、大大小小的穹顶和无数个尖塔，组成了一座塔之城，这景象映衬在蓝蓝的海水之上，极为迷人。

我还记得参观蓝色清真寺的情景。进入清真寺之前，经过一处大院落，进门前所有人脱鞋，女士要戴上头巾，然后安静地进入清真寺。内部空间极其宽敞高大，一顶摆满了蜡烛的大吊灯悬在空中。在寺中我偶然注意到他们的文字，写意的线条、多变的曲线，特别像中国的书法。土耳其作为亚欧连接处，同时显现了东西方的美学。我想等我设计新建筑的时候，应该要考虑到这种多元文化交融的美。

在老城有一处非常独特的集市——埃及（香料）市场，主要售卖各种各样的香料。不同的香料有不同的色彩和味道，这种丰富性让人联想到不同的精神信仰在这座城市里共存的奇妙感觉。

土耳其的托普卡比博物馆建造在古老的土耳其皇宫内。跟大陆城市的皇宫不一样，它是坐落在半岛海边的一处石头城堡。经过重重大门入内，你会看见大片的草地和一棵棵巨大的古树。一条条石头廊道连接着宫殿和房间。走到尽头，是尽览海峡风光的皇宫后苑。

整片建筑没有很强的政治格局形式，反而更像是度假的行宫；建筑与地形、自然也结合得很好。我相信地形和地貌同时也影响了建筑的造型和内部的空间，说得更具体些，就是地形地貌让人对居住环境以至世界产生了独特的看法。风格上，建筑大量地运用了欧亚不同的文化元素，如丝绸之路沿途各国的艺术和文化等，可以看得出皇宫修建时期，国家正处于繁荣和开放的文明时代。

我曾在土耳其亲历一场危机。2016年7月15日当晚，土耳其发生军事政变，我在伊斯坦布尔，正准备从欧洲这边的伊斯坦布尔，穿越海峡到亚洲那边的伊斯坦布尔赴友约。晚上12点坐出租车回酒店的时候，司机发现横跨海峡的大桥已经被坦克封锁了。这位司机突然变得很兴奋，说自己是土耳其舒马赫，终于找到机会展示车技了。他随后换了另一座桥，却发现同样也被封锁；最后他逆行过桥才把我送回酒店附近。

一开始我以为这只是发生在晚上的宵禁或者交通管制之类，没想到过了一两个小时之后，传来战斗机在空中的轰鸣声，并伴随着各种爆炸声。我打开电视，CNN正在直播，原来就在我住处的周边发生了军事政变。反叛军队已经控制了城市所有的街道桥梁，坦克占领了关键地点，军机盘旋在空中准备拦截国家领导人。我当时一度担心会有爆炸影响到我住的酒店，但后来发现这个担心是多余的，因为我离土耳其最安全的地方——蓝色清真寺很近。

伴随着各种爆炸声，我一夜未眠，一直看电视关注政变的进展。后来事件的发展颇具戏剧性：总统当时已经跑到德国，他发了一条推特，呼吁支持他的民众上街抗议、驱赶反叛军。凌晨两三点，街道上越来越喧哗，估计有些人看到了领袖的信息，开始走上街头。清晨，已经有大批的民众聚集在街道上，围住了这些武装坦克车。最滑稽最不可思议的剧情是，这些叛军的任务是为了人民的自由而去推翻一个强权政府，正因如此他们绝不可能向民众开枪，于是只能乖乖地被手无寸铁的爱国群众从坦克车里逼出来投降。到了早晨，大批警察逮捕了这些反叛军。

到了16日白天，伊斯坦布尔国际机场关闭了，所有航班都被取消。伊兹密尔的业主说赶紧来伊兹密尔吧；我说航班都没有了，去不了伊兹密尔。业主接着说："别担心，政变在这个国家每隔几年就会发生一次，我们都已经习惯了。如果你是一个对自己作品充满热情的建筑师，你应该不顾危险到项目现场！"当时我真的有点儿哭笑不得，我确实很想去伊兹密尔，但我确实没办法。最后，司机把我送到一个更远的小机场，那儿有少数几班飞欧洲的航班。我坐上了飞往德国的飞机离开了土耳其。我第一次做了一件"不热爱自己建筑"的事情——离开了项目现场。

这种混乱，对于他们或许是家常便饭，甚至这种闹剧在一些民主国家是一种民主的体现，但对于建筑师来说，当看到这么一个独特的文明和这么美的一座城市，在今天的政治中被践踏，不知道这是历史中常见的风波还是预示这个文明已经衰落。不过，我能确定的是，相对于这些变迁，一座座建筑更像是旁观者，在见证着城市的兴衰。

我一直在思考,
中国的建筑师能带给世界什么?

鹿特丹
Rotterdam

1. MVRDV，创建于1993年，荷兰最有影响力的建筑师事务所之一。名称是创始成员的首字母缩写。代表作有Markthal、天津滨海图书馆等。
2. Mecanoo，1984年成立于荷兰代尔夫特（Delft）。为荷兰五大建筑团体之一。代表作有代尔夫特理工大学中央图书馆、高雄艺术中心、马丁·路德·金纪念图书馆翻新等。

设计先锋

荷兰的两大城市，鹿特丹和阿姆斯特丹，名字有点像，但城市气质完全不一样。从建筑和城市形态上来讲，阿姆斯特丹是一座运河环绕的水上城市，整体建筑格局比较有历史感；而鹿特丹大部分都是现代建筑，是相对现代的城市。提起具有巨大国际影响力的荷兰现代主义建筑师，例如库哈斯、MVRDV[1]、Mecanoo[2]等，他们主要的办公场所及代表作都集中在鹿特丹。

鹿特丹的新建筑表达了现代主义建筑的很多理想。比如库哈斯设计的鹿特丹美术馆，其空间内部的构成、流动造就了它，使之成为库哈斯早期的经典作品。其中一个报告厅完全依靠卷曲倾斜的地面来承载它的内部功能，并且将其呈现在建筑外立面上，成为由内而外的建筑设计。

又如"方块屋（Cube House）"，是建在水面上的公寓。所

鹿特丹

上：鹿特丹美术馆，库哈斯，1993年
中："方块屋"建筑集合群，鹿特丹旧港区，皮埃特·布洛姆，1984年
下：玻璃帷幕市集住宅（Markthal），MVRDV，2014年

有的单元像是正在旋转的正方体，室内空间变化也很丰富。这一组黄色建筑像是一系列的艺术雕塑，极具构成主义味道。还有MVRDV的代表作之一鹿特丹玻璃帷幕市集住宅（Markthal），拱形建筑部分是住宅，覆盖着下方由餐馆、超市和地下停车场组成的市场。拱形结构的内壁是本地艺术家的大型绘画作品，结合市集功能，造就了一处高品质的城市复合空间。

对城市空间的追求，以及对现代建筑赋能城市影响力的追求，一直是荷兰建筑师的愿景。很多时候建筑师的理想和人文情怀的渗透，都是通过建筑设计的微观角度展示的。这些才是我们能真切感受到的部分。相比之下，城市规划带给人的感受往往相对抽象，所以这两者间的博弈显得非常重要。城市规划既不是不可改动的冷冰冰铁板，也不该是毫无原则、可以随意改动的板块，它应该具有明确的目标和方向，而在实现过程中，对创造性应采取开放和人性化的态度。

荷兰的建筑理念对中国有着特殊的影响。这些建筑大师传承了现代主义精神，活跃在荷兰本土、欧美等地，不断实验、实践。中国的城市化进程也吸引了他们，通过文

鹿特丹

鹿特丹威廉敏娜港口

化理念的影响,以及对不同议题——例如城市公共空间、城市密度、城市的公平和人性化等问题的讨论,帮助中国建筑师能够在很短时间内就与世界同步。荷兰建筑师把先锋的建筑思想,以及他们相信建筑实践及实验可以改造社会的英雄主义情怀传扬到中国,这在一定程度上也体现了荷兰的建筑文化之于人类文化传播的重要价值。

2018年至2024年,我们在鹿特丹建造菲尼克斯(FENIX)移民博物馆。

博物馆位于鹿特丹城中心的卡特德雷赫特(Katendrecht)半岛,原址是一栋水泥结构的老仓库,曾是欧洲最大的货仓。它所处的位置也是欧洲最重要的港口之一威廉敏娜(Wilhelmina),历史上曾是欧洲人移民乘船前往美国的出发地。港口现在还保留着一座建筑,其前身为19世纪洲际邮轮公司总部大楼,现为"纽约酒店"。酒店内还保存了当时移民的大量身份文件和旅行资料。移民、人口流动,甚至难民问题,如今已成为欧洲最大的政治和社会问题之

鹿特丹

位于威廉敏娜港口的待改造的菲尼克斯仓库始建于1923年，曾是全球最大的库房，其所处的卡特德雷赫特半岛是欧洲历史上重要的移民港口，千百万欧洲人曾于此登船，也有大批华人从这里开始侨居欧洲的生活；菲尼克斯库房在"二战"中被摧毁，又在上世纪四五十年代经历多次修缮，承载着鹿特丹的历史记忆

一，所以此时此地建立移民博物馆有着特别的意义。

我能得到这个设计机会也很有纪念意义。历史上，多是荷兰建筑师在全世界各地实践，产生影响力，从来没有中国建筑师到荷兰，尤其是鹿特丹的城中心完成作品。我来到鹿特丹这件事，也可以视为文化交流的一个案例。

这个项目的业主Droom en Daad基金会邀请并委托我设计，缘于2018年6月我在德国柏林参加纪念马丁·罗特（Martin Roth）的论坛活动。马丁·罗特是德国德累斯顿美术馆前任馆长，后来成为英国最重要的维多利亚和阿尔伯特博物馆（V&A）馆长，2017年因病去世。他去世之前的2016年，英国脱欧，罗特作为德国人感受到了"个人挫败"，这加速了他辞任V&A馆长的进程。

欧洲当今面临着棘手的社会问题：不同地区的难民逃离故乡涌入欧洲希望留下，由此引发了一系列关于政策、民生的社会讨论。作为中国人、同时也是外来人的我，不太能对这种欧洲国家间利益和关注点无形但有着千丝万缕影响的事情感同身受。

鹿特丹

1. 维姆·贝维斯（Wim Pijbes），1961年出生于荷兰，2008—2016年担任荷兰鹿特丹国家博物馆（Rijksmuseum）的馆长。他曾说：我们希望呈现一个具有普遍意义的故事。人们在一生中的某个时刻下定决心，无论是出于战争、贫穷、宗教还是其他原因，他们将拥有的一切放入两个旅行箱内，到世界的另一端重新开始……我们要做的就是理解这种情感，并将它表达出来。

作为罗特多年的朋友，我出席了那次纪念活动，讲述他的事业带给我的影响。我的主要观点是，只有当全世界都能相互尊重、包容不同文化，而不是现在这般只着眼于充满矛盾与隔阂的竞争，人类文明才会有美好的未来。在我用我的作品去诠释这种世界观之后，当时就任阿姆斯特丹国家博物馆馆长的维姆·贝维斯[1]找到我，说他关注我们的作品已经很长时间了，非常欣赏我们的设计和理念。后来他向基金会推荐，认为我是最合适设计菲尼克斯移民博物馆的建筑师。

在欧洲设计重要的文化项目一直是我的梦想。首先，我长期在思考，中国的建筑师能带给世界什么？其次，设计文化项目是一次与当地的城市、人、历史进行对话的机会，而你的创造有可能成为这个城市最核心的精神载体。

多年前，我曾经参与鹿特丹一个博物馆加建国际竞赛，并在竞赛中获得第二名，MVRDV获得了第一。后来MVRDV涉嫌违规被竞赛组织方起诉，这代表着如果违规成立，我们就有可能成为最后的中标方。在一段时间的诉讼结束后，法官认为违规虽然存在，但不足以以此为由做出取消设计的结论。我觉得这未免有一种西方的地方保护主义嫌疑，有意思的是，最终中标的MVRDV的建筑师韦尼·马斯（Winy Maas）后来成为了我的朋友，我们多次在竞赛中相遇、切磋。他对世界的激情让我非常敬佩。也是因为那次事件，菲尼克斯移民博物馆的基金会知道了我这位中国建筑师，为后来的合作埋下伏笔。

我们最终的设计，基本上保留了老厂房建筑，只是进行了一系列小心的改造。最大的动作是拆除了厂房中心的墙壁，替换成通透的大玻璃，使得这个长条形建筑中间拥有一个通透开放的、与城市融合的中庭。从这个中庭向上升起了龙卷风一般、具有雕塑动感的两组楼梯，将游人带到厂房的二楼画廊。楼梯穿过屋顶继续上升，最终成为城市观景台。

新建筑就像一组有着自我能量的旋风，插入沉重的老建筑中心。这两组楼梯，不仅承担了博物馆建筑的必要功能，而且携有带着游客盘旋上升，冲破屋顶、进入天空的领域，对城市和周边环境展开眺望的体验效果。

这个过程本身也成为了一种隐喻，它模拟、赞美人类的迁徙、流动，以及面对不确定的未来进行探索的勇气。

我们的作品还包括放置在厂房屋顶上的巨型海鸥雕塑。这个雕塑依我的草图直接转化而成，不是象形，而是写意的。有人说它像米芾山水画中的鸟，好像有着对世界的某种态度。确实，当我看到海边的海鸥时，我也把它们当作跟我们一样有着平等生命和个性的个体。

在申请城市规划许可的听证会上，我特意在厂房现场进行了演讲。观众是四百多名当地的居民，他们说从没有一个项目受到如此大的关注。当我介绍完整个设计后，在场居民对建筑本身没有多少意见，而让我印象深刻的是，一位老太太站起来问我关于海鸥雕塑的事情。她问为什么要放这么大的海鸥在这里？我的回答是，我们日常看到的海鸥，无论在荷兰、中国，还是世界其他地方，形态都是一样的，它们从来没有关于身份的焦虑和困惑，从这儿飞到那儿，对它们来说并不是多么困难的事情。从这个角度我们可以反思该如何看待人类迁徙。我回答之后，这位居

菲尼克斯移民博物馆建筑设计手稿及效果图

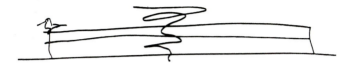

两条旋转楼梯以不同的速度相互交缠，从玻璃屋顶延伸而出，在顶部连接形成360度的观景平台；两条楼梯在空间中穿梭交缠，切割了原仓库缺乏人体尺度的空间，也为观众提供了多样的参观路线；楼梯的不锈钢外表皮反射着周遭的环境，台阶为温暖的木质地，与建筑原本的混凝土和钢材料形成对比，也引发观众对于船舱的联想：如当年的移民一般登船远望彼岸，展开对新生活的想象。下图是施工接近尾声的菲尼克斯移民博物馆，2024年4月

鹿特丹　　菲尼克斯移民博物馆听证会现场

民说,也许只是你认为它们都一样,但是它们并不认为自己与别的海鸥都一样,你怎么能知道它们是一样的呢?她的这番话使得我们的讨论慢慢进入哲学层面,变成了关于博物馆主题内容的讨论。我说,你的关于这个海鸥有可能认为自己不一样的认识,正是我们人类强加给自己的。

那晚的听证会令我印象深刻,会上没有关于建筑的争论,而是大家对于这座建筑所表达的文化观点能带给这个社区和世界什么新的信息。这可能是一座建筑能带给它的城市最好的礼物吧。

菲尼克斯仓库的改造也让我想起了在中国很多城市的类似工业遗产改造项目。每一座老建筑都展现着特定历史时期的变迁,成为人们讨论、纪念、重新观察的契机,而这些契机也让这些建筑带上了文化遗产的特质。可是,对于这些见证了工业和生产辉煌历史的建筑,我从来不想去巩固它们的位置,或者将它们烘托成一种被仰望的伟大存在。也许我们可以通过多角度去理解这段历史,探索为现今城市改造带来正面启示的模式。

鹿特丹　　**THE FUTURE IS ALREADY HERE,** 在厂房

THE FUTURE IS ALREADY HERE

IT IS JUST NOT EVENLY DISTRIBUTED — ILLIAM GIBSO

280 / 281

文化的强大一定来源于它的开放性，
以及对所有新生事物的热情。

洛杉矶
Los Angeles

想象之上

我们正在洛杉矶建造近年美国最重要的一个文化项目——由《星球大战》导演和创作者乔治·卢卡斯创办的"卢卡斯叙事艺术博物馆"。这是我在美国非常核心的工作,因此我经常往返北京和洛杉矶两地。2014年,我们在洛杉矶也建立了工作室,逐渐对这座城市有了更多认识。

洛杉矶是美国西岸的超级大都市。提起它全世界都会想到好莱坞,想到美国电影、比弗利山、日落大道,想到圣莫尼卡的海滩、高高的棕榈树和一年四季的蓝天与阳光。这一切让洛杉矶有着一种不同于其他城市的气质,一种区分于美国中部和东部的鲜明气质。即使对比同在加利福尼亚州的其他城市,例如旧金山,洛杉矶也是截然不同的存在。这个城市就像一个开朗的大男孩,阳光,满面笑容,非常健康,充满动感、活力。

洛杉矶

1. 埃比尼泽·霍华德（Sir Ebenezer Howard，1850—1928），著名英国城市规划师与设计师。提出建设一种兼有城市和乡村优点的新型理想城市，称之为"田园城市"。

在洛杉矶生活过的人都会吐槽洛杉矶的交通。所有人都会惊叹于洛杉矶宽大和发达的高速公路体系，但交通拥堵永远伴随着这座城市，消耗着市民大量时间。我曾经分析原因：虽然洛杉矶的城市规模非常大，但它并非密集于某个区域，而是像摊大饼一样平铺，无限延展。从飞机上看洛杉矶，它就像一片地毯，主要由一两层高的小房子组成。这种水平展开的城市就必须依靠汽车来通达。我们所说的洛杉矶，实际上是由几十个小城组成的；每座小城都有自己的政府、警察局、医院等公共机构，小城连结最终形成了大洛杉矶。

英国学者埃比尼泽·霍华德[1]在1898年提出了绿化城市理论"田园城市"。它的中心思想是使人们能够生活在既有良好的社会经济环境又有美好的自然环境的新型城市之中，倡导的是一种生活方式——个人拥有自己的土地，然后在自己的土地上建造自己的住宅、花园。中国有句话说"居者有其屋，耕者有其田"，大致是这个意思。而洛杉矶非常典型的居住区状态，就是一条条街道，之间排着一块块土地和房屋，每个家庭都拥有自己的土地。这跟中国的大城市非常不一样，中国更多是高层公寓及集中的住宅小区。

洛杉矶是一个平铺展开的稀疏的城市，公共交通极不便利。洛杉矶曾大力推行轨道交通，以及共享自行车等交通方式，但碍于这座城市的尺度，很难用公共交通系统覆盖。最初的城市规划，是为了汽车而设计的。当时的美国认为，房子、土地和汽车都是重要的经济支柱，一定要依此进行大量基础建设，去拉动汽车产业和房地产的发展。

与此同时，每一个小城就像传统小镇一样，有自己的镇中心，它的商业、行政、文化功能相对来说比较集中。比如说有名的圣莫尼卡区，市中心离海边非常近，优质的步行街和商业系统与住宅、办公区混合，成为非常舒适的区域。其实圣莫尼卡尺度并不大，完全可以步行到其下的任何一个中心区。著名的比弗利山庄则是另外一个小城市，距离圣莫尼卡不堵车的话只需二十分钟，主要由半山的豪宅区，以及办公楼、银行、画廊、高级酒店、商业街等组成，成了奢侈品和富人聚集的地方。

1. 汤姆·梅恩（Thom Mayne，1944年生），美国建筑师。2005年获得普利兹克奖。
2. 艾瑞克·欧文·莫斯（Eric Owen Moss，1943年生），美国建筑教育家、建筑师，曾任美国南加州建筑学院院长。

在洛杉矶，如果不离开你的生活片区，完全可以在一个小区域内通过步行解决生活上的需求。这种规划对中国有借鉴意义。中国的新城市规划曾经过于强调功能分区，比如说北京，行政区、商务区、住宅区等，区域划分非常严格，以至于很多人都抱怨在北京一天只能办一两件事，因为办事情需要跨区。就像北京的"望京"被称为"睡城"，因为那里主要是住宅，所有人都得到别的地方通勤工作，交通拥堵也因此而生。如果每一个区域都有相对集中的住宅且混合商业、教育、文化功能，那就可以很好地塑造独具特色的社区。

来到洛杉矶的人都会被洛杉矶的建筑特色所吸引，我认为可以将其称作"洛杉矶学派"，代表人物包括弗兰克·盖里、汤姆·梅恩[1]、艾瑞克·欧文·莫斯[2]等，盖里和梅恩还得过普利兹克奖。

盖里设计了毕尔巴鄂古根海姆博物馆、巴黎路易威登基金会艺术中心等，都是世界级的地标建筑。他的另一代表作是矗立在洛杉矶市中心的迪士尼音乐厅（Walt Disney

迪士尼音乐厅，弗兰克·盖里，设计始于1987年，并于2003年完工

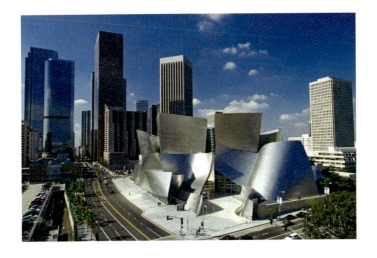

洛杉矶

1. 丰田泰久（Yasuhisa Toyota，1952年生），日本声学家。专注于声学研究和音乐工程，致力于提高音频系统的质量，以实现更高的音乐品质和听感体验。担任过全球超过50个项目的首席声学家。代表项目有东京三得利音乐厅、洛杉矶沃特迪士尼音乐厅。

Concert Hall）。这是一座风帆式的金属建筑，十分浪漫。这座建筑开启了感性的、有未来感的个人建筑语言。

音乐厅内部是洛杉矶交响乐团和洛杉矶合唱团的驻场音乐厅。洛杉矶交响乐团是全球著名的交响乐团，在多个世界级音乐厅都演出过，具有极高的艺术影响力。提到音乐厅，就必须提到它的声学设计。迪士尼音乐厅的声学设计是由日裔声学设计专家丰田泰久[1]先生承担的。丰田先生同时也是我们正在北京设计、建造的中国爱乐乐团音乐厅的声学设计师。他十分熟悉古典音乐，像艺术家一样不循规蹈矩，他在设计过程中融入了很多个人化和艺术化的思考。进入音乐厅，会发现这是由波浪状木质材料组成的空间。最有特色的是它的管风琴，由像薯条一样的木件构成。而音乐厅的角部，则像是跟室外连通的空间，由此向室内透入自然光，创造了独特的空间感。

欣赏音乐为什么要同时有悦目的空间？现代主义强调"样式追随功能"，意指设计建筑时功能为先，样式为辅。乍一听建筑好像并不是艺术，也就是说建筑的艺术性并非最重要。可是在音乐厅，人如何感受空间，是否可以算作功能的一种？当建筑——如美术馆、教堂等——越偏向于精神性，它的美学和空间感受就越贴近建筑的建造目标，也就是它的功能性。人类的建造行为都是在表达自我的世界观、情感和精神，因此建筑也成为人类之社会、历史、文明和梦想的证明。我毫不犹豫地认为，迪士尼音乐厅绝对是近一百年间优秀建筑作品的代表之一。

我在洛杉矶还有幸和迪士尼音乐厅的设计师盖里先生见过几次面。其中一次是他80岁的生日，洛杉矶为他举行了一场音乐会。有意思的是，音乐会上乐手弹奏的歌曲，竟是其由盖里设计的建筑产生灵感而创作的；演奏中使用的打击乐器，也是用盖里建房子时经常使用的建筑材料自制的。

盖里早期受到洛杉矶艺术的影响，在自住宅设计中做过大量实验——用铁皮、木板等非常便宜的材料搭建房屋，这也是他的建筑语言能对在地性做出回应、极具个人特色的关键。

洛杉矶

与弗兰克·盖里于洛杉矶，2015 年 6 月

第一次与盖里深入谈话是在一次晚餐上。之前当我构想卢卡斯叙事艺术博物馆设计时，一直萦绕在脑海的问题是：洛杉矶的建筑应该是什么样子？思考的过程中，盖里的迪士尼音乐厅给了我极大启发。

最终，我的结论是：在洛杉矶这个城市，没有什么是必须要去遵循的；只要是洛杉矶没有的，就是它所需要的。当你把陌生的、充满想象力的创作带到洛杉矶，它自动就会披上洛杉矶的身份。为洛杉矶体现的所有奇思妙想，共同成就了洛杉矶艺术和文化上的厚度。

谈到我们设计的卢卡斯叙事艺术博物馆，不得不说这座博物馆的经历完全体现了洛杉矶这座城市独特的开放气质。这座博物馆的设计经历了电影剧情般曲折的过程。

博物馆的选址最早并非在洛杉矶，而是芝加哥密歇根湖畔。当时我们用非常大胆的方案赢得了国际竞赛，我希望用新的建筑语言去挑战芝加哥经典的现代主义城市形象。每一位建筑师都知道，芝加哥这座城市中的现代主义高层建筑之于建筑学，以及芝加哥学派之于建筑史的重要位

卢卡斯叙事艺术博物馆芝加哥版虚拟效果图，芝加哥版设计是一座极具未来感并与景观无缝连接的博物馆，像密歇根湖畔巨大起伏的白色沙丘，是一件大地艺术品

置——它对建筑界产生了巨大的影响，世界上几乎所有的现代主义城市都曾参考过芝加哥的模式。而我们的博物馆提案则其实是对现代主义城市的批判，提出一种可以和景观完全融合的新建筑形式。与其说这种概念具有东方的哲学认知，我更认为这是经过了近百年保守的现代主义之后建筑新的发展方向。

作品发布后，由于场地和设计让项目在芝加哥引起了轩然大波，在报纸、电台、电视上持续了几个月的争论。其中一个原因是我们的设计跟他们认知的功能化建筑非常不同；另外，由于《星球大战》作为美国几代人的成长记忆，代表着美国的主流文化，所以大家极其关注。

后来，由于地块用途的争议，当地某个民间组织提交诉讼要求阻止博物馆的建设，这也是这个项目遭遇的最大的一次阻力。此后不久，卢卡斯先生接到加州旧金山和洛杉矶的邀请，两座城市都愿意提供最好的城市用地，希望他的博物馆能在那里落户。

盖里先生，作为美国最有影响的建筑师，在我们最困

难的时刻，在《芝加哥论坛报》上公开发表声明，支持我们的方案。盖里说："芝加哥是非常优秀的城市，它一直支持具有创新性和前瞻性的作品。在项目的早期阶段，人们往往有一种自然的冲动会对它嗤之以鼻，尤其是对那些有新外形和表达的设计。"他说："我希望芝加哥能够给卢卡斯博物馆足够的空间，给业主和设计师足够的时间来开发这个项目，与城市和公众合作去优化设计。"盖里还说："请别抛弃这个设计，仅仅因为你从未见过这样的东西。"

我十分感激这位大师的支持。后来，我们又在洛杉矶见面，进行了更多讨论。

最终卢卡斯叙事艺术博物馆选择了洛杉矶博览公园内、南加州大学校园旁的地块。南加州大学的电影学院是卢卡斯的母校；2006年，作为电影大师的他捐钱重建了电影学院大楼。另外，选址方圆8公里的范围内共覆盖了近500所学校，这将为学生们提供良好的教育资源。所以，与电影有关的博物馆，经历了多轮波折，最终建在洛杉矶的这个选址，实在非常合适。落户决定的过程从选址提案，到

建筑设计、听证会、定案、各种审批再到开工，都非常迅速。在开工典礼上，洛杉矶市长说很高兴博物馆在洛杉矶动工了，这体现了洛杉矶领先世界的开放和活力。

通过一座博物馆的命运，可以明显看到两个城市对文化的包容性和开放程度。对今天的芝加哥来说，那块地仍然还是一个停车场。也许芝加哥也有很多人期待这样的博物馆落地，但是很遗憾，一座保守的城市无法接受新思想。当民主制度并未优化事情的结果，而只是一味地消极否定的话，民主机制的意义就被消解了。

2025年，卢卡斯叙事艺术博物馆将会启幕。希望大家能够前往洛杉矶，去参观这座充满想象力的新建筑。

洛杉矶

上：与乔治·卢卡斯于芝加哥，2014 年 3 月
下：与乔治·卢卡斯于洛杉矶，2017 年 3 月

上：MAD 与乔治·卢卡斯团队
下：卢卡斯叙事艺术博物馆动工仪式

洛杉矶

位于洛杉矶的卢卡斯叙事艺术博物馆效果图

298
/
299

在常年干旱的南加州，选择如仙人掌、多肉、藤蔓等本地耐旱植物，无须过多浇灌和维护便可蓬勃生长，这些植物本身形成了建筑立面独一无二的肌理，在比弗利山市规范、整洁、一丝不苟的社区环境中注入有机自然，显得清凉且亲和；"花园住宅"建成后，即成为美国境内面积最大的绿植外墙

我们在美国的实践，还包括两座值得关注的新建筑。其一名为"花园住宅"（Garden House），是坐落于比弗利山的五层高的集合住宅。建筑底层是临街商铺，建筑上方是层叠的白色立面、尖屋顶和不规则的窗户，它们此起彼伏生长于绿色平台之上，像绿色的小山丘。从远处看，整体感觉像童话里的建筑。这也是我对比弗利山庄很多住宅区的印象。

比弗利山区域住满了电影明星、银行家、体育明星，世界名人云集。第一次来时，我觉得比弗利山和洛杉矶一样，都是极度现代化、极度发达的城市，但奢华或者说在所谓的高度文明之下，其实隐藏着冷漠和距离感。因为所有顶级豪宅都在山上，掩映在绿色中，目力所及是大片的绿化——被绿植包裹的高墙、屋旁高大的棕榈树，这些构成了社会地位的象征。住宅和城市看似在自然之中，实际上是一种圈地运动，城市和自然的关系被割裂。所以，在比弗利山设计城市住宅时，我希望能营造出建筑在山坡之上的房屋形象。为了让公寓的人都能拥有"住在山上"的感受，我直接在非常城

洛杉矶　花园住宅的 18 个公寓单元此起彼伏地生长于绿色平台之上，将洛杉矶标志性的山庄在城市环境中复制，再在"山坡"上建立小村庄，这个画面就像卡通一样的直接和天真，甚至有些幽默

市化的语境中做了一个"山坡",创造一半属于自然,一半属于城市的建筑,住在这里的人每天都能感受自然,共享一个院子,好像一个部落,也算是对严肃规整、充满现代感的居住区的一种挑战。

项目建成前不久,我与美国著名建筑评论家保罗·戈德伯格(Paul Goldberger)曾经有过一次对谈,关于首个MAD在美国建成的项目,保罗这么认为:

> 它很容易让人联想到洛杉矶经典房屋景观,一系列白色小山墙和尖屋顶从风景如画的绿色山坡中跳出来,非常俏皮。马岩松在传统的边缘翩翩起舞,看似与周边事物截然不同,但又有奇妙的关联之处。这与高迪在巴塞罗那的公寓有些共同点——它们都是城市景观中的感叹号。无论在任何城市,或任何规模,马岩松总能反客为主,巧妙地把回应转化为自己的表达,利用建筑给人带来轻松、欢乐,或思考。

洛杉矶

另一个让我们非常激动的设计，是坐落在好莱坞日落大道的高层办公楼，这可能会给洛杉矶增加一处新地标。

我们的方案已经提交给市政府，正从纸面上的想象逐渐向现实迈进，过程可能要经历好几年；但我们会保持着持续的激动，因为我们太希望它能变成现实了。这座建筑显示出完全未来主义的特征。我们在空中设置了几层花园，同时把垂直的交通设计成通过长在建筑外部的胶囊缆车型电梯实现。我们期待这座建筑能挑战现实，不停地把我们今天幻想的未来变成明天的现实，为未来更多类似的奇妙花朵的生长提供充满想象力的土壤。

其实对我们在洛杉矶当地的实践，基本上没有人会关注建筑师是哪国人，他们更关心建筑师的设计能否给城市带来新活力。这一点我在美国的工作中感受尤其明显，尤其是跟卢卡斯这样的人合作，他在选择建筑师的时候，本来完全可以像其他机构和人一样去相信那些已经声名远播的大师，但他选择了来自中国的年轻建筑师。当所有人都在猜测他为什么会选择中国建筑师时，谜底揭开，打动他的仅仅是因为设计本身。设计没有国界，重要的是它所彰显的无畏和创造力。文化的强大一定来源于它的开放性，以及对所有新生事物的热情。

可能就是这种开放的氛围，造就了美国好莱坞电影的世界影响力。开放自由，并非为所欲为，而是让人的想象力无边。好莱坞的电影创作，正是建立在对人类、文化、生活的观察、理解和想象之上。

洛杉矶

建筑外部的玻璃电梯将像一条缆车轨道,成为通往高层建筑顶部和餐厅的通道,该建筑还将满足 LEED 绿色建筑标准,可实现高效的能源运作;建筑共有 22 层,将有大量的绿色植物,包括充满树木的露台;楼层设计灵活,提供多种聚会空间,并可轻松进入绿地

城市太冰冷，每个人都在奔命，我想设计那些能改变现实的东西。

. . . . . .

建筑形态所带来的关注和流量并不等于真正的文化影响力，建筑到底带给城市什么更积极的意义，值得反思。

深圳
Shenzhen

革新的力量

深圳是中国最年轻的超级大城市。短短三四十年间，它就从一个小渔村变成了今天已有一千多万常住人口的移民城市。

我最初参与的深圳文化活动是深港双城双年展。香港和内地城市联合办展，让深圳成为与国际紧密交流的窗口。双城双年展是民间活动，得到政府的大力支持，吸引了全世界的建筑师、艺术家、文化学者。那时到深圳，感觉就像是参加全球设计人的大派对，丰富程度和影响力完全可以媲美美国的迈阿密设计周或者意大利米兰设计周。

深圳与其他广东城市，包括广州，都不一样，南粤文化的在地性并不强，普通话在这里通行无阻就是表现之一，甚至很多深圳人都不会说广东话，这是因为这座城市大量并持续吸引着来自全国各地的年轻人和各领域的人才。

2018年是改革开放四十周年,深圳举办了一系列的纪念展览,重温了改革开放的点点滴滴:1980年深圳经济特区成立;1992年邓小平南方讲话;四十年间深圳从小渔村变成国际超级大都市的进程。其中让我印象深刻的是,当时深圳的体制改革非常有力,决心非常大:工厂内可以搞民主制度,大家可以投票,一人一票选举;报纸上可以发表自己的看法,也完全可以有批评的声音。最经典的莫过于邓小平提出的"不管黑猫白猫,抓到老鼠就是好猫"。国有企业的体制转型,下海创业浪潮,几乎都是从深圳开始的。所有的这一切打造了深圳骨子里开放、敢于试验的基因。到了今天,这个城市与其他中国城市相比,仍然具有一股强烈的民主气氛。

关于这一点,我分享几个例子。一个是深圳的城中村。这个城市在高楼大厦密布的同时,还伴随夹杂着很多城中村房。虽然城市发展飞速,但像城中村这种原有的独特城市形态并没有被粗暴地铲除,而是尊重这些原生城市的特征,通过规划、民间的良性互动,对城中村进行了充分的研究和保护。

另一个是，政府投入了很大力量修复和维护深圳的原生态滨海空间，如红树林、湿地等。除了政府的投入，也有很多社会公益组织热心地参与城市自然保护地的规划和维护。通过官方与民间长期的合作联手，形成了大片自然与人文共融的城市空间。

第三个例子是我们曾参与的一个旧城改造项目。地产商计划建造一座超高层建筑，但紧挨着它的是一条有着明晰的形制规划和丰富历史的古村。于是在寸土寸金的区域里，专家、学者、知识分子，包括政府规划部门内的专家共同建议，保护和重新优化开发古村是地产商建造高层建筑的前提条件。这让我觉得非常先进。在这些人身上，能很强烈地感受到他们的活力和积极探索的精神。在深圳，这并不是个例。

二三十年前建设深圳的那些规划专家、建筑师，现在依然活跃在城市建设中，从他们身上，还能看到早年建设城市的理想主义精神。正是一代代人怀着勇闯精神，给深圳带来了持久的发展动力,这实在让人感动。

深圳的开放和进取将会造就这座城市的文化土壤,且由此成就的人文气息将会成为其影响世界的重要指标。深圳正在大量建设学校,为越来越多的人口和人才服务;另外,深圳也在大力发展文化设施建设,深圳新十大文化地标,正是近年深圳广为全球瞩目的大动作,包括歌剧院、博物馆、美术馆、科技馆、海洋馆等。深圳希望通过建设一批世界级的文化场所,匹配城市快速发展的文化需要,对内为市民提供文化养分,对外于世界形成新的文化影响。

我们参与建设的深圳湾文化广场,正是深圳新十大文化地标中非常重要的项目。它位于深圳南山区沿海的人才公园,占地5.1万平方米,总建筑面积为18.2万平方米,包含创意设计馆及深圳科技生活馆。

对于深圳湾文化广场,我提出了"远古未来"的概念,它是关于时间的。我希望建筑不仅具有艺术感,同时还是向市民开放的城市公共空间——营造充满自由和想象力的氛围,像是在现实城市空间中置入新的时空。用开放的景观绿地覆盖大部分的建筑体。它是一座大地艺术般的开放的城市公园。

另外，我们把重点展厅作为公园中的大地雕塑去设计，使用自然的花岗岩将建筑建造成圆润的具有雕塑感的"原石"，就好像那些大海边经过亿万年冲刷的石头一样，呈现出原始的力量。我想创造原始未来感，将具有远古感的意向用极抽象的形式表达，塑造一种既似曾相识又陌生的环境。在这个环境里，似曾相识是因为它仿佛重现了人类文明产生之前就存在于地球的自然世界的形态；而陌生，是因为整个场景中的说教、意义、隐喻等人类现实生活中的既有经验全部被抽空。这样的陌生体验会进而转化为好奇心和探知欲，最终形成人们内心所感知到的自由和想象力。而自由和想象力，是当代文化建筑应该带给人的最重要的东西。它并不是传授知识、讲述历史或者重复现实那么简单，而是引起人们内心的情感共鸣，进而开启新的可能性。

深圳之所以能够成为世界的创新之都，绝不仅仅是因为它的创新产业，还有它的前瞻性，并且能不断批判和质

深圳

深圳湾文化广场，建筑如被放置在海边的原石，静谧面对自然和时间的雕琢；文化广场试图在城市和海湾之间创造出一种熟悉又陌生的"时空错位"，如同大地艺术，让每个人都可以参与其中，远离城市现实，让进入这个环境和氛围的人都能建立对时间和空间的感知

疑常态化和固化的事物。如果把深圳比喻为一个人，那这个人勇于超越日常现实，去探索精神层面和文化层面的自由。而自由的氛围和气息，正是有世界文化影响力的城市的生活日常，是进行创造工作所必备的土壤。当有了创新的动力后，它就会变成一台不停迸发新思想和新文化的永动机，自由的环境就是这台引擎的动力源。

虽然说深圳的基因是自由和进取，但近些年城市发展太快，建筑文化免不了呈现出价值观凝滞的同质化现象。在这种情况下，更要回归城市发展初心，创造出新的平行时空，既是中心也是边缘。这就像城市中多种文化和思想的关系，文化交融最活跃的部分就是边缘，这也是自由思想能够发声的地方。

将要设计的这座建筑，背后是年轻的现代化城市，当面对着大海去想象一个场景，我不禁想到远古时期，当人类第一次面对大海时所产生的澎湃好奇心，他们内心一定充满了想去改造现实的勇气。这是人类改变历史所持有的精神，也是深圳这个城市最原本的基因和力量。

深圳

1. 矶崎新（Isozaki Arata，1931—2022），日本建筑师、城市规划师。2019年获得普利兹克奖。代表作有大分县立图书馆、筑波中心大厦、洛杉矶当代艺术博物馆等。
2. 妹岛和世（Kazuyo Sejima，1956年生），日本建筑师，建筑事务所SANAA的创始人之一。2010年与西泽立卫一起获得普利兹克奖。SANAA代表作有金泽21世纪当代美术馆、美国新当代艺术博物馆、格雷斯农场等。

深圳有着富有创新性的建筑师和代表建筑。他们深耕深圳的本土建筑，亲历并见证着深圳的高速城市发展，他们各自学术理论的建立和实践的推进都根植于此。深圳现在的城市面貌和活力，可以说部分得益于这一班热忱的建筑师日复一日坚持对于城市、街区、建筑空间的想象和讨论。这是神奇的经历。他们的职业生涯见证了一座城市的产生，并共同滋养了这座城市真实的活力和文化。他们在生活，在探索，也在创造。

我想提深圳的几个早期建筑作品，如深圳市民中心，它的中间是开放的，市民可以进入场地内。与很多其他城市的市民中心不同，建筑并不座落在中轴线上，也不挡住中轴线，城市中轴线成为市民广场，人们可以自由穿行其中。整个政府办公楼没有围墙，这是非常重要的信号和现代意识。矶崎新[1]设计了深圳图书馆和音乐厅，库哈斯、蓝天组设计了英雄主义式的现代建筑——深圳证交所、当代艺术与城市规划馆，还有正在建设的努维尔设计的深圳歌剧院、扎哈事务所设计的深圳科技馆新馆、妹岛和世[2]设计的深圳海洋博物馆等等。深圳借助于开放的国际竞赛体制，成了全球建筑师最看好的实践之地。然而，虽然这些建筑是通过公平、公开的竞赛和激烈的竞争选出的，但这些建筑几乎都存在争议，并没有哪个能以建筑上的革命性、开创性来代表深圳。像悉尼歌剧院、巴黎卢浮宫、洛杉矶迪士尼音乐厅、纽约MoMA等，无论是建筑本身还是作为文化引擎的力量，都已经是世界级的。深圳要实现文化影响力，需要思考的问题不仅仅是建筑方案的开放性选择，建筑形态带来的关注和流量并不等于文化影响力；真正的影响力在于有远见、有开创性的宣言，它建立在文化战略的方向和雄心这一基础之上。

只有在战略方向明确的前提下，民主参与和各种开放的机制才会卓有成效，不然它只会沦为形式而已。2008奥运会建设时期的开放，使北京出现了包括鸟巢、中央电视台总部大楼、国家大剧院等新十大建筑，但即使表现出了开放性，它们带给城市什么更积极的意义，还值得反思。能带给一个时代革新的能量，才是文化项目最重要的使命。

深圳湾文化广场首层的主要公共空间内有充足的落地窗和天窗，引入自然光，模糊了内与外、上与下；主要公共空间可布置成数个标准化展厅供雕塑或藏品展示

深圳

深圳湾文化广场,试图在城市和海湾之间创造出一种既熟悉又陌生的"时空错位",如同大地艺术,让每个人都可以参与其中,远离城市现实

我下决心要在中国设计一个不那么高大夸张，
而是人性化又方便的火车站。

嘉兴
Jiaxing

百年之后

嘉兴是浙江的"鱼米之乡",简称"禾""禾城","禾"是水稻的意思,因为嘉兴属京杭大运河水系,所在的杭嘉湖平原盛产粮食和水产品。同时嘉兴有像西塘、乌镇、桐乡等非常独特的古镇,是拥有深厚文化底蕴和城市历史的典型江南城市。历史上偶然发生的一个事件改变了这个城市的命运和它在中国的地位。

1921年,中国共产党第一次全国代表大会在上海召开,但会议被迫中断,一大代表李达的夫人王会悟建议将会议转移到她家乡嘉兴南湖的一艘游船上继续进行。最终,一大顺利完成各项议程,通过了中国共产党的第一个决议,并选举产生了中国共产党第一个领导机构。中共一大闭幕标志着中国共产党正式成立。

今天,在嘉兴城中的南湖湖心岛上,有一艘被称为

"红船"的乌篷船，就是按照当年中共一大在嘉兴南湖上开会时的游船复制而成。这造就了嘉兴与众不同的城市气质。

2021年，中国共产党成立一百周年。这一年的6月25日，我们设计的嘉兴火车站揭幕通车。一百年前，一大代表正是从上海坐火车到达老嘉兴站，在这里下车，通过宣公路到达狮子汇渡口登船。嘉兴火车站是这段历史的见证。在建党一百周年之际，嘉兴希望"重走一大路"，重新打造这一城市重要标志。这也是一项民生工程，通过老城更新去改变嘉兴火车站周边无序、混乱的状况。

政府邀请我参与这个项目的时候，我还没设计过火车站。但我对中国的火车站一直有一个很大的疑问：它们为什么总是那么高大？一个城市的火车站往往都在城中心，但它们跟城市又常常是割裂的——火车站周围围绕着高架路和大广场，整体交通极为不便；站内尺度非常高大，总能看到拿着大包小包的人走很长的路进站、出站；进站后排队、安检、再经过非常窄的通道，被最终引流到站内，呈现在宫殿般的、超尺度的巨大候车大厅面前。有了进站时一系列不方便和不人性化的体验，此时这种伟大的、辉煌的空间感让我觉得就是假大空的形式主义。

如果去过欧洲，会发现它们的一些车站完全是开放的，功能简便，跟城市紧密结合。或许欧洲城市普遍没有那么大的人流量，那么可以看看寸土寸金的东京。东京站是客流量最大的中转站，地铁、新干线、日本铁路通过地上地下层叠的轨道穿过或进站；而地面上的站台与城市的人行交通以及商业完美融合为一体。在这种综合环境中，是否人性化就成为评价交通建筑成败的最重要指标。如果使用起来不方便，那它夸张的造型和尺度就显得不合时宜了。由此我下决心要在中国设计一个不那么高大夸张，而是人性化又方便的火车站。

老的嘉兴站早在战争中就被炸毁了，后人只能在历史照片、资料中查到，它的外形近乎上海街道上常见的那种二层砖砌小洋楼。老车站的这栋建筑以及写在车站上的"嘉兴"二字，在我眼里就是见证百年历史、与历史对话的重要途径。所以当时我的第一个反应就是去复建已经被摧毁的

嘉兴

老嘉兴火车站

老嘉兴站站楼。因为这一层历史意义，我们想把老车站复建在中轴线上，居于最耀眼的位置。通过这栋历史建筑和新建车站之间的对话关系，形成时空的轴线，使之融入嘉兴老城的环境和生活中，同时让人穿越在历史和未来之间。

我们设计的这座"森林中的火车站"，是中国第一座完全从地下进出站的火车站，它将地面留给了市民公园。中国的高铁站和大多数基建设计，之所以非常高大，大概是要去突显某种伟大成就感。铁路系统也做过很多方案，都是那种非常高大的新车站。他们没想到我们会设计只有一层、比复建的老嘉兴站的二层小洋楼更加低矮的新站房，并把候车空间放在地下。

新建筑简洁、低调，与老建筑处于同一水平。地面上，我们拆除了车站旁人民公园的围墙，与火车站南北两个广场围合成35万平方米、种植了一千多棵树的城市绿化空间；新火车站的机能、交通、流线全部放置于地下。地下主候车空间洒满自然光时简洁明亮，像一个时空隧道，充满了未来感。通过这种节制，尊重了尺度低矮的老建筑，穿越了百年的历史。

嘉兴

新站房进出站平台和候车大厅都收至地下,地上仅"消隐"为一层高度,尊重复建老站房的尺度,并谦虚呼应;充沛的自然光通过大面积天窗和一层玻璃幕墙往地下候车大厅倾泻,让室内空间开阔明朗

我遇到了很多保守观念的挑战，比如质疑火车站低矮，认为火车站应该高大。我回答说那会破坏了车站与老建筑的关系，老建筑太小，会显得它们之间的对应关系很滑稽。然后他们提出，可以把老建筑也放大……我吃了一惊：这岂不是更滑稽？这个历史建筑是复建，不应该是个假古董。为此，我们邀请了很多历史专家研究历史资料，通过历史照片透视的放样方法计算每一个建筑构件的原始尺寸，确保建筑的比例和大小。复建所用的二十一万块青红砖，均以南湖湖心泥为原料，在嘉兴当地的老砖窑烧制。这一切都建立在尊重历史的基础上。然而对历史的尊重并不妨碍我们创新。

历史是线性的、流动的能量，它并不局限于过去，且终将流向一个未知的未来。当新旧并置、产生跨越时空的对话时，才会真正地产生历史感，甚至会超越客观的历史本身，而将当今面对历史的态度展现出来。

公共建筑能否影响城市的未来？如何影响？我觉得这也是中国新建筑的责任。任何公共建筑无可避免地与社会生活、艺术、历史、公共情感等产生关联。当设计公共建筑时，不能只局限于探讨服务城市的功能使用这一层面，还应思考如何通过精神性、审美性等多元且具深度的层次去浸润人们的观念。

在嘉兴的"森林中的火车站"，自然和历史重新回到了核心的位置。这是对生态、自然，以及对历史的保护和尊重。而这些都是高速的城市发展中缺失的部分。我们通过设计，让城市公共空间成为开放的、绿色的、人们日常愿意前往并使用的地方，实现开放的同时，也实现了观念和精神的开放：当跟历史和未来进行对话，新的时空已经徐徐展开。通车仪式上，我深刻地感受到我今天所做的事业，与"红船精神"中的"首创精神、奋斗精神、奉献精神"不谋而合。

如果一座城市的发展不能让人们对内心、对世界产生感知，
那么这座城市的建设实在非常低质。

衢州

Quzhou

消失与永恒

提起江南文化和江南城市,人们总容易联想到小桥流水人家这些轻柔的气质。但同在浙江省的衢州,却让我觉得它跟这种江南城市印象不太相关。

衢州的地理位置相对远离浙江省核心,且位于山区,因此在中国经济和城市化发展的前二三十年中,并没有赶上第一轮热潮。不过,很多早期发展的中国城市,在城市和建筑方面留下了很多遗憾。而像衢州这种后起之秀,却保留了质朴的、如白纸一般的城市状态,以至于我们今天可以有机会,在提高了对城市的认知后,吸取其他城市的教训,不再去重复那些错误。

过去,中国城市的发展模式比较单调和统一,基本就是建设CBD、产业园、总部基地、新区和商住房地产等。这种单一化让城市形态愈发千城一面,建筑的快速建造更像是"种房子",缺少文化底蕴,也缺乏识别度。围绕地产行业的资本力量,完全超出了人性和文化本身赋予住宅的居住属性,将住宅腐化成简易、快速、千篇一律,甚至是身份化的商品,遍布全中国。

无论城市的经济水平怎么样,城市的标准配套几乎都是占地面积大、建筑标准高、位于新城市中心的市政府大楼,大楼前往往有一个大广场,既表现出权威又表现着开放的意愿。但这样的空间往往却是市民最不喜欢去的地方。在粗放的急速发展的城市化进程中,市民的精神文化生活并没有得到足够关注,文化配套设施如图书馆、剧院、音乐厅、美术馆、博物馆、科技馆等民生工程被搁置了,近年才慢慢重视起来。

随着高铁的开通,衢州与上海、杭州等大都市形成了方便的连接,经济版图和人们的出行习惯也随之改变。尤其是江浙沪包邮区发达的公路和轨道交通,已使长三角地区成为一个巨大的城市群落。星罗密布的大中小城市,通过高质量的交通网彼此通达,促进了江浙沪经济的迅猛发展。

衢州正在规划一个依托高铁的新城区，有着非常理想化的愿景：要实现最好的教育、医疗、文化的共建，而重中之重是在衢州新区建设一座体育公园，包含田径场、篮球馆、游泳馆、群众活动馆、科技馆、训练场等功能空间。体育公园的特别之处在于不但能举办国际性、全国性的赛事，更主要的功能是服务于市民，成为提倡健康理念、提供日常运动场地的公共空间。

这让我想到了常见的一些体育场馆，例如采用了钢铁材料设计的北京鸟巢，以沉重的外观表达建筑的力量感和纪念感；还有被热议的东京奥运主场馆，本来的国际设计竞赛是扎哈的方案获胜，但日本政府以超预算为由废掉了她的方案，重新让日本本土建筑师设计。这件事遭到扎哈严厉批评，她认为日本保守、排外并且有一个不能对自己的既有决定负责的政府。我猜想她的去世跟这件事多少有些关系，这太刺激她的情绪了。当地还有批评扎哈的方案过于夸张和庞大，与城市肌理不相融。其实后来日本建筑师所提出的方案，建筑的尺度感并没有改变，仍然是一个庞然大物，形象

衢州

1. 丹下健三（Kenzo Tange，1913—2005），日本建筑师，奠基了日本的现代主义建筑道路，被誉为"日本当代建筑界第一人"。1987年获得普利兹克奖。

相对中庸，但用了大量的木材等环保材料。

我又想起1964年东京第一次举办夏季奥运会。那时的日本政府为了推出和鼓励新的建筑文化，邀请了非常年轻的日本建筑师为奥运建筑做设计，例如丹下健三[1]设计的代代木体育馆至今还极具代表性。可以看出日本政府对自身的文化创新是有明确战略意图的，这也成就了一代又一代的日本建筑师。

拥有创新的机会对国家文化有很大的推动作用，而机会的根本在于政府的开放与勇气。今天的衢州要做的是同样一件事，挑战所有传统体育建筑的形式和观念。

衢州体育公园，应该是最人性、最具参与感的建筑，应该是人们日常生活的一部分，而不仅仅是为了显示国家意志或竞争意识的巨型纪念碑。谈到竞争意识，我觉得特别有意思的就是现代奥林匹克精神，它和正在中国高速发展的现代主义城市化有着极为趋同的价值观。现代奥林匹克在工业时代的1891年提出"更高、更快、更强"的口号，鼓励人们去挑战，突显人类的力量。与此同步的是人类技术发展对客观世界的改造能力，尤其是用技术去挑战建筑和城市建设的建造能力。

在这种思维方式引导之下，当人类要突显且表现自己改造和影响世界的能力时，被认作人类精神和自我价值体现之一的建筑的象征意义就会被不断放大，也要更高、更快、更强。甚至随着这种竞逐不断继续，完全破坏了人与环境、人与人、人与自身内心之间的平衡关系。所以，今天真正要质疑的是这种现代奥林匹克精神，我们需要深刻反思"更高、更快、更强"所指向的"挑战自我"的根本——人类内心真正的精神需求是什么？与世界的关系又是什么？

从北京去衢州的路程让我百感交集。虽然现代交通已经非常发达，但我还需要先后乘坐飞机、高铁、汽车才能到达项目现场。一路上，我感受到速度的变化，也看到了为生活奔波的汹涌人潮。那些在飞机场、火车站里奔走的人，一脸茫然，没有人停下来去感受某个场景，感受阳光或微风,更不会在意与自己擦身而过的其他人。每个人尽管都有清晰的目标,但在到达之前好像并不愿意做片刻停留。生活已然成了奔跑,像奥运一样的竞争。这种氛围仿佛精神和生活的枷锁,令人无法放松下来去感受自我。

如果一座城市的发展不能让人们对内心、对世界产生感知的话,那么这座城市的建设实在非常低质。

第一次到达衢州项目场地时,我就有非常强烈的愿望:在新的设计中让体育馆、让以往那些代表力量和伟大纪念碑感的建筑全部消失。我希望将这里设计成具有超现实感的大地艺术公园,让建筑的功能不但和室外的公园环境结合在一起,更要具备超越体育和日常休闲的精神与艺术功能。所有的市民,男女老少,每一个奔波忙碌、被"更快、更高、更强"裹挟的人,来这里都可以找到与内心、与未来对话的深远而广阔的精神世界。

我设计了一个完全被绿色掩盖的、起伏的、像火山群一样的建筑群,将整块用地规划成一处大地景观的公园。这里没有大广场,没有车行道路,所有大型建筑物的形体都被隐藏在景观之下。建筑的立面消隐了，取而代之的是绿色草坡。人们可以通过坡道、台阶去攀登这些草坡，和这些火山群一样的建筑产生互动关系。这些大型地景建筑像是从地下涌出的能量，面对天空产生了对话的意愿。

而体育比赛的室内功能，完全被掩盖在这些绿色山坡内。除了可以节省建筑材料，这还能让建筑更加节能。室内通过多种独特的建筑构造实现大跨度空间，并能实现自然通风采光。可以说这是全世界最大的且独一无二的覆土建筑群。

这个项目的设计和建造极具挑战性，例如，如何解决让大跨度结构既是屋顶又是景观地面就已经难关重重：要考虑如何让建筑外墙减轻重量，不对结构造成过大的附加荷载；同时也要考虑景观维护，既保证可持续性，又控制好运营成本；坡度山体（此处还是人工）也预示着极端天气情况下潜在的建筑安全问题和隐患。设计概念表面看起来一气呵成，超现实体验的程度其实与建筑内部的复杂是成正比的。这背后是各方团队合力攻破的一个个技术性难题。

衢州

三万人体育场的巨大建筑体量被隐藏，它不仅是一个关于体育和生态的城市空间，更是一座独一无二的大地艺术公园，与城市的山水历史建立起一种文化传承关系；混凝土结构之上是由钢结构支撑的"光冕"风雨罩，风雨罩仅由 9 个落点支撑于看台之上，落点之间的最大跨度达到 95 米，视线可贯穿体育场内外，空间更加通透开阔

体育公园建设第一期的体育场已经建成并投入使用，体育馆也在建造过程中。这个设计相当于在城市新区中进行了人造自然地景的运动。建筑一直被认为是人造物，和自然有着明确的界限，其实这是非常闭塞的西方建筑学的认知，在东方，自然和人工的界限是模糊的。

现代建筑的鼻祖柯布西耶曾提出"住宅是居住的机器"这一宣言，因为机器更有效率，更注重功能。这句经典的口号实际上消解了建筑的价值，因为一旦将建筑和工业机器做横向对比时，建筑内部丰富的意义就被忽视了，也会使建筑失去人文、艺术、精神等层面的最大魅力。

柯布西耶在他职业生涯的晚期背离了自己的宣言。他在法国设计的经典代表作朗香教堂已成为世界文化遗产，这座建筑完全在讨论艺术、空间、光线、气氛、精神，而所有的这些，使这个作品跳脱出柯布西耶曾经倡导的纯粹功能导向，从而成为20世纪最为震撼、最具有表现力的真正的建筑。

在衢州体育公园中，我想通过对建筑功能的质疑和挑战让建筑产生新的意义，希望它的出现可以创造出超现实的城市形态。我想到了新西兰的奥克兰，一座沿着火山群建设的城市。那些火山是自然形成的，而建筑是人造的，虽然它们之间依然存在人工和自然之间的对立，但在这种对立中，却强调出另一种和谐——城市与自然的共存。

前两年，我到奥克兰火山公园观光，刚离开回国，就听说海里的一座火山爆发了，当时在岛上的游客全部遇难。其实这种危险时刻与人类相伴，让人意识到城市的临时性和永恒性的两面。临时性在于时间尺度，一座城市因为火山运动、地震或者海啸，可能会在任意一个时间点消失；至于永恒，那是因为地球的地理形态、气候、物种的形成和变化超越了人的控制，这个力量的时间尺度无限大，常以亿年计算，几千年的人类历史只能算是非常小的节点。因此，像奥克兰这样一座城市，有一种非常明显的与永恒相依相伴的感觉。

公元前6世纪的庞贝古城，由于火山爆发，一夜之间

> 60组混凝土柱墙支撑起了整个体育场,裸露的木纹清水混凝土片墙摒弃了内外装饰层,既是结构,又是建筑本身

完全毁灭,消失在历史长河中,直到1707年才被世人发现。它戏剧性的消失反而造就了它的永恒,就像那些不断出现在历史和寓言故事里的经典人物和情节,终将成为超越物质的传世存在。

再过一两年,等衢州体育公园完全建成时,它不仅是这所城市为市民提供的体育锻炼的场所,同时还是人们愿意前往的公园。希望它能把超现实的想象力带给每一个为生活奔波忙碌的人,让他们拥有片刻的停顿和歇息,感受时间,感受自己的内心和精神世界。

你需要不停地关照自己的内心，
把创作的勇气看作对传统的尊重。

海口
Haikou

超越现实

作为中国大陆最南端的省，海南给人一种很遥远的感觉，大概因为所有的海岛都跟大陆有着地理上和文化上的距离。海南最主要的两个城市，一个是省会海口，一个是三亚。三亚是旅游城市，沿海岸布满高级酒店、棕榈树，加上阳光、海滩，很容易让人联想到夏威夷、迈阿密这类世界著名的海滨度假胜地。然而海口却完全不同，它是一座历史悠久的城市。虽然在城市发展中也曾有过一些现代化的城市规划，但知名度却远低于三亚，在这座城市里找不到有关享乐、资本、欲望的气氛，满城绿意盎然，充满自然气息。

海口市海陆密切相连，在这里，可以通过码头北上中国内陆或去往其他国家，火车也可以跨过海峡。海口是历史上重要的贸易点，曾经是非常国际化的通商口岸。海口的老街是骑楼式的街道，有的骑楼非常精致。街道两边西洋式的建筑和中国妈祖庙式的建筑相互交织，展示了异域风情，也显示出海口曾经多元文化共融的开放氛围。

特别神奇的是，海口居然有火山群，虽然并不是那种巨型、壮美的火山，但却赋予了这个地方不同于大陆的气质，仿佛拥有一种与史前文化相连接的线索——在同一空间，但却是不同的时间。或许，眼前作为城市存在的海口，相对于岛屿和火山这种历史更为悠远的自然来说，也只是过眼云烟。

当海南迎来了中国自贸港这一身份，瞬时便获得了一系列发展机会。海口新设立的江东新区，承担着未来中国与全球经济和金融接轨的任务。离海口不远的博鳌市是博鳌国际论坛的落户地，每年汇集各国政商学才杰，探讨全球发展。在海口该如何面对未来发展的重要节点上，我们也获得了一个在海口的海滨设计公共空间的机会。

海口的海岸线长达几十公里，连接着老城和新城。该如何将这个滨海空间打造成高品质的公共活动场所？当地政府与建筑师合作，希望通过在线性空间中插入一些小的节点和驿站型建筑，达到城市整体文化环境的提升。这些驿站一方面具备了服务公园、公共空间的基本功能，如咖啡厅、卫生间、淋浴房等，另一方面，配合独特的建筑设计，每个驿站将是独一无二的城市存在。我们受到委托，负责设计整个工程的首个项目——海口云洞图书馆。

在勘察场地的时候我就选定了世纪公园内背靠着世纪大桥的一个滨海点。很多市民愿意来这里，因为附近有很多运动场地和儿童活动场地，非常适合建造具备核心凝聚力和文化形象的地标建筑。

我们设计的图书馆是一处自由形态的白色建筑，充满各种孔洞和空间层次，像飘浮在海边的一团云。灰空间、建筑边的景观水池等形成了一系列令人愉悦的室外空间体验，且这些空间全部对公众开放。走进建筑，西南侧为室内的图书馆，贯通首层与二层的面海阶梯式阅读空间，除了供人阅读外，也可以举办文化交流活动。与主阅读空间隔离的儿童阅读区，天窗、孔洞、壁龛，激发孩子们探索的欲望。整个室内是墙面、天花、地面融为一体的有机曲线形态;光线通过顶光、侧光射入室内,抚摸着曲面造型,形成丰富变幻的戏剧化空间感。

建筑内没有一般建筑的梁、柱;所有建筑部分都是由白色混凝土一体浇铸而成。作为液态材料的混凝土,可塑性极强,能表现出极朴素且独特的空间形象。尽管材料朴实简单,但建造的整体难度非常大,所有的设计深化全部基于数字化模型,须以极其精确的办法去实现模板的搭建,以使建筑的最终成型达到顺滑、准确、高水平的建造质量。在这里,我想创造孔洞。

第一次来到这里时,我发现向外望去是极美的风景:一望无际的大海,碧蓝的天空,以及天海相接的水平线。虽然是美景,但同时它又客观存在于人的生活中。我想,如果在这里能建一座建筑,那么它最重要的功能,应该是让人进入建筑后能从独特的角度再去欣赏这片现实中的美,去感受一种超越现实的大不同。因此,我们最后把这里设计成一层层圆洞的洞形空间，让人不停地穿越其中。内部的建筑氛围呈现出跳脱城市现实环境的陌生感和未来感，人们从这里看到远处的天和海，会有一种进入扭曲的时空虫洞的感受，好像从这里可以向远方出发，开始新的旅程。

这种感觉像极了阅读。当然阅读是一个过程，但阅读的本质是与作者进行思想和精神层面的交流——当你翻开一本书之前，就已经期待进入一个不同时空了。每一本精彩的书，都把你带离所处环境，进入书中世界。我觉得这就是云洞图书馆的意义——人们为什么要在海边这么一个环境中去阅读？我们要创作的不仅是阅读的房间，而是塑造公共空间的氛围。有时候我真羡慕那些在海口长大、在图书馆周边蹦蹦跳跳的小朋友，以及在里面阅读的人们。如果我们生活的城市充满艺术感，可以让人感受到丰富多彩以及不同可能性，那将多么美妙啊！

其实我对建筑的看法并不局限于它的风格和所属的时代，反而十分期待能捕捉到每座建筑所表现的那个时代中的人性闪光点。你需要不停地关照自己的内心，把创作的

海口

贯通首层与二层的面海阶梯式阅读空间,建筑外围的回廊灰空间以及建筑里外的孔洞,让自然与建筑的边界消隐,人们通过孔洞看天、望海,充满仪式感地察看身边已经熟悉的世界

勇气看作对传统的尊重。当我面对海口这座城市也就怀着这种心情——固然它有自己的历史，可是在新的建设中重复那个历史，或者中庸的折中主义都不会是出路。我们需要在城市中展现一种跨时空的包容，才能让更多的人理解到，形成人类文化的背后其实是因为人类充满着情感和想象力。虽然云洞图书馆完全是崭新的建筑形式、材料和工艺，可它仍然肩负着一种向往——世世代代的人类面对浩瀚宇宙的好奇、敬畏、谦卑，以及这种精神之下勇往直前的想象和创造。

身处于一个脱离城市现实的抽象空间去面对大海——水泥浇筑座椅时,拆模后发现气泡瑕疵,业主和施工方都想立即修复成光滑水泥面效果;对于气泡所产生的原始及真实的触感观感,MAD选择保留,这份"不完美"成为神来之笔

我面对的不只是珠海的问题,
而是整个中国已经被拆除和正在被拆除的这样一个大的问题。

珠海
Zhuhai

穹顶之下

作为粤港澳大湾区的一个发展战略点,珠海是近年备受关注的城市。备受关注的港珠澳大桥,就是中国基建近年来最耀眼的工程之一。由于珠海毗邻澳门,粤港澳大湾区一体化的发展趋势让珠海近年发展飞快。珠海的新区建设极具雄心——大量写字楼、住宅、学校等商业、公共、基建将在很短时间内建成。回看过去很多中国城市的早期发展,快速且粗暴,对自然环境、城市历史造成了很大破坏,并且导致了千城一面的城市形态。

珠海有山有水,城市密度不大,是非常美丽的城市。密度不大,说明上一轮的城市化建设并没有对自然和历史文化传统造成太大的破坏,以至今天再有新规划的时候,便可以更高的标准去建造。

珠海比较出名的公共建筑是珠海大剧院。它像是一大一小两个竖着的圆形贝壳，伫立在海边。从外观看，它确实非常显眼，一是它的位置，置身在半岛上；另外就是它的高度——这实际上是应城市景观考虑而塑造的，尺度已经大大超出了剧院功能的需要。

当地人昵称大剧院"日月同辉"，这个词有很好的寓意。有人可能认为像一大一小两个白色贝壳有些奇怪，但我觉得沿海建筑有贝壳的寓意也没什么问题，不出乎意料，也没有太大惊喜。大众给城市地标建筑起"昵称"的习惯，间接要求了建筑不能太有争议，不能让人有太多联想，这就给建筑师或者追求政治正确的城市决策者带来了局限。建造新建筑时，要考虑大众会怎么称呼它，或是起一个让众人接受的名字。太有创意，容易让人产生丰富联想的设计，实际上对决策者来说有风险。虽然作为文化项目应以开创城市想象力为出发点，但有时却无法承担真正创造力所带来的这层后果。

正因此，所谓的创造仅限于大众可接受的框架内，这种迎合使很多建筑变成了"寓意美好"的象形建筑。这种建筑在本质上并没有什么创新，但通过寓意提高了人们对它的接受度。这也让我想到一直困扰我的悉尼歌剧院。同样是滨海地标建筑，悉尼歌剧院被联合国教科文组织列为世界文化遗产，我认为它已经是全世界最具影响力的现代建筑之一，它的形象已成为悉尼的标志。但它在建筑史中几乎没什么地位，与它对大众的影响力极不相称。在我看来，这座建筑的创意、结构形式、空间材料、对场地的关系都非常独特。至于它在建筑史上没有产生那么大的影响力，我只能从以下角度理解：悉尼歌剧院属于神来之笔型的天才型建筑，以至于从建筑专业角度很难对它做出评价和归类。

当以神来之笔去解读建筑时，我们往往无法判断建筑的价值——因为这座建筑跟创作者的胆量相关，而品位高低以及意义是否深刻又很难客观评价。可能由于我思考这样的问题太多，当我们被邀请参加珠海的地标建筑"珠海文化艺术中心"竞赛时，我突然希望能对珠海这座城市未来的发展表达我的态度，至于能否赢得竞赛则是次要的了。

这是一个典型的中国式故事，地点在珠海的银坑半岛，离珠海大剧院不远。过去这个岛上被规划了很多高层住宅，就是那种一大片土黄色百米高的板楼，不仅千篇一律，还不合时宜地刺眼。对于城市风貌这么敏感的城市来说，这确实是低质量发展的典型规划模式。后来在政府新领导班子的努力下，调整了规划，取消了所有住宅区。新规划是在半岛上建造文化艺术中心及酒店。主办方曾多次邀请我们参与，而且还专门去参观了哈尔滨大剧院和我们设计的其他一些城市地标，他们迫切希望能建造出一座极具文化标志性的新建筑。

我原以为这显示了政府进步的观念，但当我到达现场勘查时，发现跟想象的完全不一样：整块用地到处张贴着配合搬迁的标语，是一个正在被拆除的老渔村。银坑村的历史可追溯到北宋时期，是靠海自然形成的老渔村，村子的每一处场景都让我印象深刻：村头一棵已有五百多年历史的古榕树下供奉着土地神；上个世纪遗留下来的门匾，家门口的盆栽；猫狗和小孩子在巷道里追闹……我甚至闻到了还未搬走的人家做饭的香气。这些真实、平和、烟火

俯瞰珠海银坑半岛拆建前后，2019年（上图），2021年（下图）

珠海

气强烈的生活场景,让人一点都看不出四周环境已被挖土机进驻包围。就算房子比较破败,但我还是无法想象这些生活印记将被所谓的"重建发展"硬生生地抹去。

实际上,这个竞赛的前置操作也是一种"标准"做法:拆除土地上原来的生活和痕迹,再建造规划统一的大马路和新楼房。虽然很多城市可能有它具体的困境,但此刻我能清晰地认识到,我面对的不只是珠海的问题,而是整个中国已经被拆除和正在被拆除的这样一个大的问题。

我们要保护的文化是什么文化?

当我们谈论中国的文化,有时会惯性地把古代皇家帝王或者来源于古代的极具符号化的东西作为代表。但我却认为中国文化之博大精深,其实根植于人们的生活中。在地、生活、情感、智慧共同组成了文化的丰富性。这些正是我们要尊重和保留的。

今天,何其多的建筑成为了躯壳,在千城中不停地复制成"一面",同质化的发展令活生生的文化和历史被忽略,这让我非常惊讶和寒心。正如银坑村,以建造一个文化中心的名义，被荒唐地拆掉了，而它正是最具地方文化特征的村庄。我当下产生了非常强烈的愿望：能否保护起这个村庄，不要再继续破坏？

我想，中国城市并不在于以新换旧或是修旧作新，而是否有可能协同新旧，和谐并存共发展？这或许是一个新思路。除了简单粗暴拆除旧建筑建立新建筑，能否还有另一种办法？比如，一种"保护性拆除"？例如欧洲一些古村镇的保护模式，保护的是村庄的整体格局，以及人在空间和格局中的活动；翻新的是建筑的物理部分，包括材料、结构，将安全、防火、防震、保温、暖通、空调等硬件升级，整个村庄则依然保持着传统空间的模式。

最终我们提交的竞赛方案，并没有去设计新建筑，而是通过调研、测量，保留了古村的大部分建筑，并对其做了进一步改造，让新的空间布局能适应文化艺术中心的功能需要，如图书阅览室、活动室、剧场等。改造后的建筑由街区和村落的室内外空间形成聚落形式，在村子上空设计一处大穹顶。穹顶并非密不透风，实现遮风避雨功能的穹顶是对过去的封存,同时也是对未来的想象,小尺度街道布局对应的是"飘浮"在空中的穹顶,它将整个文化中心聚合在一起,象征着保护和新生

同时，仍能整合城市形象，更重要的是它形成了心理上的场所感，让这片区域不同于原本仅具生活功能的古村，而成为具备文化功能的城市节点。

方案成型之初，我便意识到对城市规划发展的传统观念形成了挑战。当我向项目专家汇报时，我知道这个设计并不符合他们最初看重我并邀请我参赛的原因，他们期待抹平老村庄后，看见一座平地而起的闪耀新建筑。

不出所料，我的方案没有被接受。最后中标的方案印证了我的猜测。古村还是被拆掉了。

即便如此，我仍然相信，建筑师作为公共知识分子，重要的是能够提出真正的问题。不把新旧对立，不把历史与发展看作矛盾，同时实现对历史元素的保护、利用和发展，让世代生活在同一城市的人，能够感受多元并存所带来的想象的张力，以及时代和历史交融所产生的魅力。一切都是有可能的。

后来我们的提案获得了业界很多建筑师、城市规划者和学者的关注与讨论，《人民日报》也做了报道；建设部领导特意来联系、了解关于这个古村的具体做法。

中国大量城市目前都在强调城市的更新和如何高质量发展城市空间。我认为城市的根本还是人，人的记忆、人类的文化，这些聚合在一起，构成了一座城市的魅力和归属感。

穹顶最高点45米，采用了主拱和索膜结构，以确保其稳定性；穹顶并非全覆盖，结构落地，人可以从四面八方进入；穹顶设有开启功能，仿佛一层薄雾飘浮于村落之上

把善良呈现在艺术里,把刺留给建筑。

客观并不存在，
只有主观才是我们认识世界的通道。

直岛
Naoshima

重生的乌托邦

岛屿一直给人浪漫的印象。在日本四国岛、濑户内海有几个岛屿，远离繁华的大都市，星星点点地分布在海上，超凡脱俗。但让这些岛屿更加特别的，是它们成为了一项艺术项目的基地——国际知名的倍乐生集团（Benesse Corporation）三十多年前在这片岛屿策划开发了一系列艺术项目，每三年在这里举办濑户内海国际艺术节。

对我来说，山海自然与艺术的结合就是天堂，但它们并不是容易抵达的：要先从东京或者大阪搭乘火车或航班到直岛附近的城市，再乘车到港口，坐一两个小时的渡轮，才能到达其中的某个岛。而岛与岛之间同样需要经过轮渡通达。

周折且复杂的过程越发增加了海岛与现实的距离感。登上这些岛屿像是进入新的时空，可能是因为这里的景象与现实世界,尤其是与现代化的城市文明存在着很大的差异。

不同于城市中把所有艺术品放置于白盒子空间的美术馆,这里是一处"开放的美术馆"。艺术项目中的所有作品都强调在地性,大量作品与岛上独特的建筑空间或室外环境发生关系。有些作品只能被放在某个特定位置,因为只有与周边特定的环境发生对话,才能形成完整的作品。

其中最著名的作品之一,是日本艺术家草间弥生[1]创作的南瓜雕塑。"大南瓜"被策展人安排在直岛的尽头——一条深入海中的长栈道尽头。"大南瓜"鲜亮的颜色与大海的深远背景形成了反差,创造出极具视觉震撼的画面,一批批游客接踵而至。

离"大南瓜"不远的背面是一片极大面积的草地,上面有更多的室外艺术雕塑。围绕着这片草地的是一家两层高的酒店,只有少量房间,非常朴素平实,但同时又让人感觉像是一座美术馆,因为它的内部空间放满了戏剧性和艺术性的作品。酒店由日本建筑师安藤忠雄设计。实际上

---

[1] 草间弥生(Yayoi Kusama,1929年生),日本当代艺术家,被称为"前卫的女王",擅以高色彩对比的圆点创作,其设计的产品在商业上获得巨大成功。

南瓜，草间弥生作品，2016 年 10 月

上：李禹焕美术馆，李禹焕 × 安藤忠雄
下：地中美术馆，安藤忠雄

在直岛这个最大的岛屿上，很多建筑都是安藤先生设计的。虽然他的作品有很强的识别度，经常使用混凝土构成现代主义的墙、柱、空间等，但他仍用不同的语言去塑造直岛上不同的建筑。他设计的李禹焕美术馆，采用了很多折线、柱廊及长面积的墙，入口空间设计也让人印象深刻。

地中美术馆则是一座埋在土里的建筑，它处于整个岛屿的最高点，却不像帕特农神庙那种西方建筑以自然作为基座，凌驾在山顶之上，他将建筑融入原来的山体中掩埋起来，让人觉得所有空间来自山内的一些空间切割，达到了建筑和自然的统一。

到这些美术馆看展览，最重要的是观察这些建筑和艺术的在地性表现——它们往往会探讨人与自然的关系、人口迁徙所带来的社会和生态变化、人与生命的关系等命题。越来越多的年轻人离开乡村到城市工作，大量的日本农村家庭成为空巢。如何激活这些日渐孱弱的村庄？如何通过艺术和文化的反哺而优化原住民的生活？都是这些艺术项目要探讨的话题。

濑户内海的艺术项目充满了雄心壮志，而项目发起与策划人是北川富朗先生。当时岛屿的开发者日本福武财团委托北川先生去策划一个大胆的艺术项目——不只在刚刚提到的直岛，还在小豆岛、犬岛等诸多岛屿都有艺术创作，一步步地积累作品。每年会有大量的国际艺术家来到岛屿参与创作，吸引了来自世界各地的观众和艺术爱好者。我曾先后四次参观艺术项目，其中一次是正式受到了北川富朗先生的邀请，有幸参加由策展人导览的参观活动。由于场地极大，参观全程是沉浸式体验，随着时间和季节变化，在自然中感受到了真实的艺术。那次参观中，我们与世界各国的艺术家、当地居民，还有政府的协作者进行了讨论，一起探讨艺术如何振兴乡村。

经过那次讨论，我发现很多我喜爱的大艺术家、建筑师都曾经在北川先生策划的项目中留下作品，无论这个作品是非常小的还是只是某一个部分的片段，大家都以能参与这样极具实验性的项目感到兴奋。

北川先生富有热情，充满干劲，单单这个项目就已经

和北川富朗先生于浙江桐庐，2019年

直岛

1. 西泽立卫（Nishizawa Ryue，1966年生），日本建筑师。建筑设计风格轻盈、简洁、朴实。作为SANAA建筑事务所的合伙人之一，2010年与妹岛和世一起获得普利兹克奖。
2. 内藤礼（Rei Naito，1961年生），日本女性艺术家。创作一直围绕艺术与周围环境的对话展开，关注生存与生活、情感与思考等议题。

持续了三十多年。如果没有三十多年前的雄心壮志和理想主义精神，以及这些年持续的付出，绝不可能实现今时今日的文化积累。这些艺术和建筑，像是生长在这些岛屿之上，将人文与自然的结合推至极致，将这里造就成为世界上独一无二的大地艺术节。北川富朗还策划了另一个艺术项目，从2000年开始，每三年举办一次的"越后妻有大地艺术祭"。这个项目也是非常重要的乡村振兴实验。

在直岛旁的小豆岛上有一座著名建筑——由日本建筑师西泽立卫[1]与艺术家内藤礼[2]共同设计的丰岛美术馆（Teshima Art Museum）。它有着白色混凝土薄壳穹顶和镂空的室外空间，人们通过建筑的洞口可以看到外面的蓝天和绿树，也可以感受到微风吹拂整个空间。这个空间其实并不大，但由于全白色和空间形式，给人一种深远和无边的空间感。这里只展出一件作品，如果不仔细观察根本无法察觉。地面上某一个孔洞中，会突然冒出水珠，自然流动、汇集、挤压、涌动、骤然坠落消失于另外的孔洞中，伴随的是轻巧、敏感、富有内省气质的氛围。在这个空间中,人们感受到的煦风、阳光等等一切都在安静中缓缓流动,就如空间中的那一丝能量之于生命的印记。

另一件令我印象深刻的作品是直岛的"南寺",由安藤忠雄改造。作品原型是当地民居,改造后,观众通过室外走廊进入展厅空间。这个展厅空间从入口开始就漆黑一片,什么也看不见。所有人要手摸着木墙,一点点蹒跚往前,用手的触摸去感受空间边界。人的心里要充满对未知的好奇和勇气,才能一直前进。进入空间大概五到十分钟后,慢慢通过微弱的光才会看到一片暗色的热带雨林。光被控制得非常暗,暗到让人难以察觉。这个作品同样挑战了人最脆弱、最敏感的神经。

丰岛美术馆和南寺,一白一黑两个作品,巨大的反差让我难忘至今。它们都是关于光的,让人重新认知自己对环境的感知力。大部分生活在城市中的人们的感知力已经退化,我相信所见是因为我们习惯了通过视觉快速辨认所有的事物,而非通过感受去认知世界。

直岛

1. 奥拉维尔·埃利亚松（Olafur Eliasson，1967年生），冰岛/丹麦艺术家。擅长运用装置、绘画、雕塑、摄影和电影等媒介创作。
2. 感觉即真实（Feeling Are Facts）是奥拉维尔·埃利亚松和马岩松于2010年4月—6月在北京尤伦斯当代艺术中心举办的展览。二人用建筑和光线创造了一个特殊的环境，当观众走进这个安装有红色、绿色和蓝色荧光灯的烟雾缭绕的空间时，便制造出了属于自己的光谱。视觉被默认为起着首要的导航作用，通过不安全感引发观众对寻找其他感知模式的需求。

    我想起2010年我和奥拉维尔·埃利亚松[1]在北京合作的展览：感觉即真实[2]。

    我认为所有的感受都是主观的。只有让自己感觉到了，你才会相信那是客观存在；但感受却因人而异。这就是展览的概念——客观并不存在，只有主观才是我们认识世界的通道。在人类欲望无限膨胀中，一切都被管理着，我们的感受和情感在既成事实的惯性中，是眼睛看到的。闭上眼睛，才会看到自己心中的世界，空间和光会触动心灵。

    我相信个人的感受力非常重要，这也是艺术和建筑的魅力所在：我们通过艺术和建筑建立起对话，让每个人对自己内心或对艺术产生独立的感觉。这种感觉不应建立在说教和传播的目的之上，就好像一些建筑会努力塑造强有力的权威来期待人们感受到它的力量，这实际是反人性的。美好的建筑应该可以启动每个人的自我想象力，就像打开一本好书，阅读开启了每个人的独一无二的空间。我想这也是我可以多次来到濑户内海这个项目的原因——当艺术、建筑与大自然完整合一后，人总会发掘到新感受。

与奥拉维尔·埃利亚松，2010年

直岛

1. **直岛、丰岛、犬岛是日本濑户内海群岛中最主要的三个岛屿。**

在犬岛[1]上还有日本女建筑师妹岛和世的一系列作品，以轻盈、流动的姿态穿插在传统的木质民居建筑中，显示出新建筑和传统建筑的反差。日本的传统建筑和现代建筑虽然外观、材料、形式上已经完全不一样了，但为什么无论新旧建筑依然能保持某种独有的内在联系？无论最终使用的是混凝土，还是钢、玻璃，最后都表现出纯净、朴素、轻盈的空间感。他们追求建筑与周边环境和自然产生对话，这种对话是留有距离、留有空间，是可喘息的、充满诗意的。诗意之于西方现代建筑或许是另一种角度——相对于与所处的自然环境间的态度和关系，西方现代建筑往往将关注点放在建筑本身，建筑本身的材料、技术、细节便会成为主体。

我认为缺失了与环境的平等对话，诗意便会荡然无存。当然这也可能是我个人对东方文化理解中的局限吧。但至少我们可以看到当代的日本设计，包括建筑、服装、平面、电影，都在探索用现代的新语言去展现独特的日本性。这让我不禁发问，中国的独特性是什么？

从民国时期到1949年以后，很长一段时间里，对中国性的讨论焦点还都停留在所谓的民族形式和意义上，传统被简单地理解为对传统形式、材料等元素的总结。这种状况甚至一直延伸至今天。这对中国自身的美学发展十分不利。现在很多人在用新技术、新材料去模拟传统建筑，其实只是在不停地重复传统元素，而且，令人尴尬的是这种重复还十分蹩脚。过去的建筑，很多时候是时代的局限性嫁接在实用性之上的结果，例如传统建筑为什么要用木结构？为什么要用石材？为什么要使用坡屋顶？这些都有受限于过去技术有限的原因。但今天，很多人将这些形式僵化成建筑风格，这实在太腐朽了。我始终相信东方文化里的诗意栖居的核心是精神性，这个精神性就存在于人的生活与自然产生的和谐对话关系中。对话高明便会提升诗意和文化的意义。能实现这种平等对话，需要人对世界有敏锐的感知力，以及对世界的热爱。

建筑会反映人的内心。传统的中国民居建筑十分纯净，没有多余蹩脚的装饰和所谓的风格，而是根据最基本的人的需求去设计，最终实现朴素的美。朴素的美，是中国建筑的核心，无论东西南北，传统中国建筑都反映出人的诚实、真诚、纯净，对环境的敬畏、对生命的尊重、对生活的热爱。而今天被风格化的建筑学，成了越来越闭塞的学科，在讨论着所谓的传统形式、文化符号，实际上却变得越来越做作。

我们在日本爱知县完成了"四叶草之家"幼儿园的设计项目。我曾设想，这座建筑如果建在中国，可能又会引发对于风格和建筑样式的争论吧。

幼儿园坐落在日本一个村庄中，虽然与当地传统老建筑不同，但仍然透露出很强的在地性，以及户主一家对生活的真诚尊重。这是"家一样的幼儿园"。业主本来希望我们设计一处全新的建筑，但业主家庭内部对于如何处理这座他们世代生活的老房子有不同的意见，拆除或保留，还是另找新地新建，非常纠结。户主的父亲无法割舍他们在这里生活数十年的感情。当家族的生活记忆、对这片土地的情感，冲击着为社区孩子们提供新的教育场所的愿望时，两难境地所带来的矛盾和波动确实打动了作为建筑师的我。

我们提出的解决方法是,按规划的体量设计最大的空间,然后将老建筑的木结构骨架作为新建筑结构的一部分留在新建筑中。这样,新建项目变成了改造加建项目,既保留了老建筑的记忆和空间,同时也降低了新建筑的造价。我想相对于崭新的建筑,这些在"四叶草之家"幼儿园中成长的儿童,对自己长大的幼儿园的前世今生会有更深的感知吧。

建筑就是生活的一部分,它对人类需求的尊重,不仅体现在使用层面,更应体现在情感和精神层面。只有那些具有生活感的建筑,才能体现出真诚;而真诚,是建筑作为人类文明呈现的最大价值。

左：建筑外壳的曲面与内部结构间的"空隙"形成了有意思的"角落"——最顶部的"角落"成为只属于孩子们的私密空间
右：MAD团队回访"四叶草之家"，和合伙人早野洋介与儿童交流，2016年10月

直島

左：在幼儿园建筑内部，可以清晰地看到原房屋的主体木结构
右：坐落于村庄中的"四叶草之家"

人们期望通过隧道看到的不仅是本真的自然风景,
而是能从新的角度去主观想象一处虚幻的、富有诗意的景象。

越后妻有

Echigo-Tsumari

光之隧道

> 穿过县界长长的隧道,便是雪国。
>
> ——川端康成《雪国》

如果看过日本作家川端康成的著作《雪国》,就会知道这里——日本新潟区越后妻有,一片位于东京西北方向、距离两小时火车车程的山区。在这里,每三年会举办一次闻名世界的艺术节"越后妻有大地艺术祭"。艺术节由北川富朗先生策划发起,始于2000年。

这里有着人们对北国的所有想象:雪山、温泉、野菜、寿喜烧。而不远处的长野,作为滑雪胜地还曾举办过冬奥会。除了气候外,这里与濑户内海最大的区别是自然地貌:越后妻有由层叠的山峦组成。从东京出发,要先坐火车穿山而行,再坐汽车穿过弯曲的公路才能到达。深入后,会发现这里跟瑞士的深山很不同，这里有着很多水稻田，是盛产日本最优质大米的区域之一。可惜的是，与濑户内海的岛屿一样，由于城市化的原因，很多年轻人不再从事农耕生产，离开了家乡，以至于这个山区很多村庄已空置。"越后妻有大地艺术祭"的根本目的，就是希望通过艺术带动村庄转型，吸引年轻人回流家乡。

我第一次来到越后妻有是因为策划人北川富朗先生邀请我们参与2018年艺术祭的创作。当时我印象深刻的一个场景是一处村庄小学：因为已经没有小孩在这里上学了，学校只能关闭，但学校中偌大的体育馆被改造成了"清津仓库美术馆"。这座美术馆并不是城市中那些白盒子美术馆，而是还保持着体育馆的原貌。艺术家的创作主要围绕建筑空间和室内摆设，与作为学校建筑的场景形成了充满戏剧感的对话。

除了在大地、山谷、田间的一些室外作品，这里也有几座重要的新建美术馆建筑，其一便是里山现代美术馆。这是一座内向的四方合院建筑。展览场地围绕在建筑周边，

1. 原广司(Hiroshi Hara, 1936年生), 日本建筑师。长期致力于建筑教育, 东京大学荣誉退休教授。代表作有第四代京都站大楼、大阪梅田蓝天大厦等。

中间是巨大的广场。2015年, 中国艺术家蔡国强把美术馆中间的展场改造成一片山水"蓬莱山"; 2020年, 日本的几位艺术家把中心庭院改造成一片水面, 人们可以划气垫船穿行。美术馆的中心庭院是一处内向的室外空间, 这里是整座美术馆的核心——人们与自然、天空、光线对话的空间。里山美术馆由日本著名建筑师原广司[1]设计。

另外一座著名美术馆是由荷兰建筑事务所MVRDV设计的"农舞台"。这座建在山脚下的建筑是被楼梯支撑而起的正方体, 就像只多足大蜘蛛, 它的身体下方则是开放的场地, 为参观者提供了遮阳、避雨的场所。

越后妻有有着丰富多彩的室内和室外艺术作品, 聚集了全世界重要的艺术家的作品, 这和濑户内海国际艺术节非常相似。这些作品就好像被放置在没有屋顶的美术馆之中, 成为独特的存在。我也感叹于日本对于西方和不同文化的尊重以及学习意愿, 这种开放性令这个国家的建筑文化有着极大的潜力。

北川先生跟我说, 我要做的工作可能是整个艺术祭中最大型的工程。因为其他艺术家大部分的创作是艺术作品，而我要做的是针对一条约750米长的清津峡隧道的改造，另加上新建一座游客中心。清津峡隧道是日本四大峡谷之一清津峡的景观观赏隧道。多年前当游客还是通过山间穿行的方式欣赏峡谷的时候，一次山上的落石引发了游客安全事故，因此当地政府修建了这条隧道，并设置了四个观景台，让游人可以从不同的角度欣赏峡谷和山水美景。贯穿峡谷的溪流非常优美，周边雪山融水汇流于此，所有的纯净之美都归于这里的溪流与峡谷中。

初次来到这个场地的过程也让我记忆深刻。那是一个雨后的下午，我们沿着蜿蜒的山道驾驶了半个小时后，每驶过一个弯就会看到一次田间的彩虹，简直像进入了童话的世界。一个弯紧接着另一个弯，慢慢地，眼前的世界将我们带离了背后所熟悉的现实世界。

到达清津峡隧道入口时，我们往里看到了一个细长而深邃的秘黑空间。这是非常独特的空间，它让人感受到时间和运动的关系——当人在隧道中步行前进时，能感受到

上：清津峡隧道示意图
下："光之隧道"草图——光在不同的区域会根据观景台的不同主题产生变化

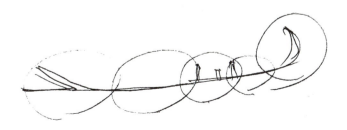

越后妻有

清津峡入口改造前后

隧道外溪水的澎湃流动。来回一次隧道要走1500米，人有足够的时间去感受身旁的变化和自己内心的起伏。

北川先生告诉我，清津峡附近的村庄希望利用艺术节这个机会，把观光隧道的内部升级成艺术空间。艺术节的预算非常有限，要完成观景台改造和隧道升级是颇为费脑筋的事情。但我最大的疑问却是，前往清津峡的过程已经能欣赏到如此优美的风景，游客为什么还一定要来到隧道内？在这里又能有什么不一样的感受？我猜想，人们期望通过隧道看到的不只是本真的自然风景，通过隧道的改造，人可以从新的角度主观想象出一处虚幻的、富有诗意的景象。

最终，我们创造了"光之隧道"，利用光把整个隧道空间转换为新时空。其中第一观景台，我们保留了原状。在隧道尽端的观景台，我们在墙壁上贴上半反射的材料，再把山涧溪水抽进来作为薄薄的水面。人到洞口需要赤脚而入，蹚水而过，感受溪水的温度，最终来到观景台边缘欣赏洞外的一切。

越后妻有

在观景台墙壁上加装了多面像水滴形状的镜子,像是在沉闷坚实的穹顶凿开一个个通往未知空间的洞,人们在现实与超现实两极之间寻找自己的定位

当人走在水面上,由于水和墙壁的反射,人像是悬浮在半空中,形成了非常纯净的天地一色的场景。"空"成为这个空间的核心。洞口本身在建筑空间中有内外连接以及出发的含义,这一切开启了我们对峡谷、山峦、流水、天空、云朵的想象线索。我们看到的山和水不再是客观的山和水,而是一种意境,一种对内心空间的想象。

实现这个作品非常有难度。它不是常规的艺术创作,也不是传统的建筑创作,而是通过建筑材料和自然的联合,塑造一种光的氛围。我记得最初发表这个提案时,大家对达到可持续的效果并没有多大把握,各方都提出了自己的担心和风险预警。但最终北川先生说,我们应该尊重艺术家的想法,努力地将它完美实现。

整个建造过程非常严谨,工程师、工人、参与者都穿着工作服,在现场和工作室中一遍遍认真讨论每一个技术细节。虽然经历了多次挫败,但大家在清晰的愿景下,并没有丝毫的退缩或妥协,一切都有条不紊地有力推进。我对日本的一个很清晰的感受是:很多时候创造和实现似乎

清津峡入口建筑的屋顶,天窗成为棱镜,折射出外面的风景

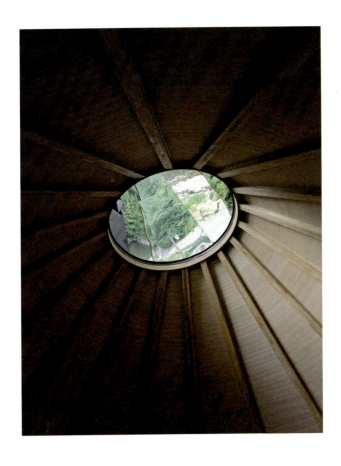

遥不可及，只有把理想主义和现实做到完美结合才能成功。我认为这次最成功的地方，就是在整个深化设计和实现的过程中，不停地返回检视最初的目标和梦想。

我们不仅改造了隧道，还在隧道的入口处设计建造了游客中心。这是一座二层楼高的建筑，一层售卖门票、纪念品和咖啡，二层则别有洞天，非常高的三角形坡屋顶空间，倾斜的坡屋顶有利于承载当地严寒时常见的暴雪。三角空间的内部是浴足池，村中的温泉水被引流于此，大家可以坐在温泉边休息，或者抬头通过顶部类似潜望镜的反射天窗去欣赏咫尺之外川流不息的清津峡流水。有意思的是，天窗的光线倒影在浴足池的水面，这是另一个光的游戏。

"光之隧道"的开幕式就在隧道中举行，村民组织了富有本土特色的鼓乐舞蹈。鼓声与它的回响组成了一件极妙的声音作品。所有的工作和一切成果都根植于这个地点、这个村庄和生活在这里的人，让我深深感动。开幕式上，我用仅会的蹩脚日语做了开幕演说。虽然并不能充分表达我的意思，但我认为这种在地的仪式感在那一刻极为重要。

"光之隧道"开幕式,艺术祭发起人北川富朗和MAD合伙人,2018年7月29日

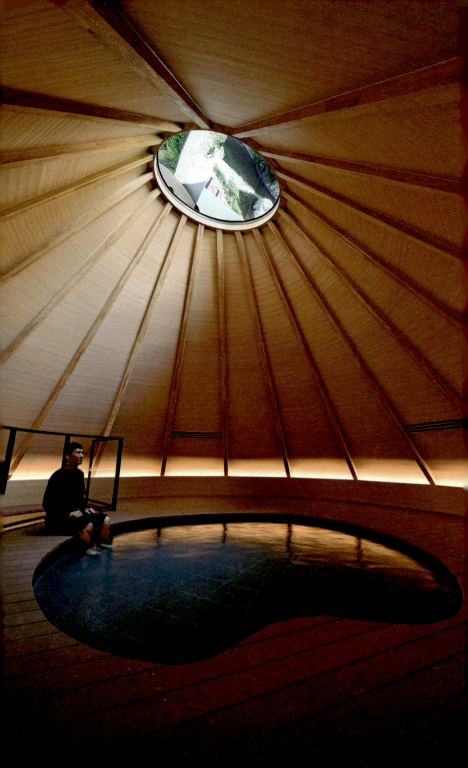

左：游客中心二层的温泉足浴池是一个暗空间，屋顶镶嵌的镜面巧妙地反射出建筑外的峡谷和溪水，像一条"天河"

右：河流自隧道入口旁边流过，其景象被镜面捕捉，被送至足浴空间里的客人眼中

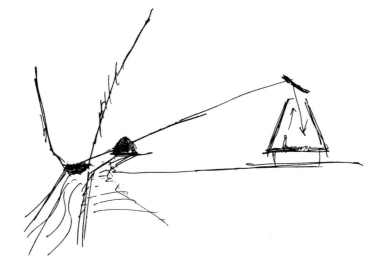

空灵　　第一次去这个地方，很深，很深，是个山中的管道。到头，是个空，不知道为什么进来，是为了出去吗？还是为了知道自己出不去？反正，里面什么都没有，空的。外面，还是原本的外面，只是自己换了一个角度去看，改变的是自己。

洞口　　所有的洞口都是为了离开，所以它很明亮，充满远方的诱惑和想象，让人下决心告别最熟悉和安全的地方，这是多么大的勇气啊，我能做的，只是短暂地陪伴，他们离开之前的徘徊。

反射　　我觉得镜子是可悲的，它能做的只是复制，但是现实，没有必要再复制。我们真想清楚地看见自己吗？我们能真正看清楚吗？梦里看不清楚任何东西，又是最深刻的感受，眼见并不为实的话，还是让现实变模糊吧，让天地都模糊。

水　　山之间是清津峡的雪水，四季川流，色彩形态万千，但我想，它最好就停在我的脚下，安静下来，我把脚放进去，让刺骨的冰冷提醒我，日常的麻木。

无　　最好没有人，连自己也不在。

人　　一个人走近天地之间的那条线，和我距离20米，就好像去了另一个世界，我也想进入那个世界，我也想只相隔这20米，欣赏在另一个世界的他们。

自然　在来清津峡的路上，看尽了绿色、山水、天空和奇妙的光线，好美，觉得自己不能再增添什么了；能做的，就是把自己内心的感动描述出来，自然是客观的，感受是主观的。

——《光之隧道》，马岩松

我们常谈到乡村振兴，但大部分的乡村振兴都是把城市的审美强加到乡村中。如果我们客观地去看待蕴藏在不同地方和族群中的审美和习惯，会发现乡村相对于城市的审美来源要丰富得多。也许振兴乡村的方式应该反过来，保护和发扬每个地区本身的风俗、特点和习惯，将它们放大，注入城市的生活中。通过对城市文明的拯救去实现所谓的乡村振兴，才能维护它的多样性。

大地艺术祭，核心是艺术与场地、这里的人以及他们的生活产生紧密的联系。"光之隧道"开幕的第二年，就被评为日本最佳游览地之首，仅2018年大地艺术祭期间，就有十八万人次参观(是改造之前的三倍)。2019年，日本文部省推出的"日本之博"全球宣传片中，"光之隧道"与其他四样日本本土国宝，共同为日本文化代言。

因为游客接踵而来，更多的餐厅、小卖部出现在村子里，原有的停车场空间已不足以容纳这么大的客流。村子现在又委托我们设计更大的停车场来疏导交通。

"光之隧道"吸引了东西方不同阶层的关注，产生了对日本乃至全球的文化影响。我很好奇：大家会把它当成具有日本性的作品呢，还是会注意到这是一位中国艺术家的创作？也许有一种语言，已经跨越了中国、日本这两地文化，甚至是东西方文化的边界。这个语言，应该就是全人类对自然世界的态度：无论我们如何看待人与自然的关系，我们都有必要去找寻二者在情感和精神上的对话，这种对话将给我们的未来带来很多启示。

"光之隧道"成功后，很多日本以外的，尤其是中国的艺术项目都希望邀请北川富朗共同策划。后来由北川富朗担任顾问的同一支策划团队在江西省寒溪村，结合村庄创作了根植于浮梁的系列艺术作品。我也受到了团队的邀请。

当地有着像梯田一样美丽的茶山。勘查场地时，其中一座茶山山顶上的几棵树留给我非常深刻的印象。这几棵树好像汲取着大地精华，让整座茶山所有的能量都聚集于此。因此我为浮梁创作了名为"大地之灯"的装置。

它像是飘浮的巨大灯笼，把树围绕起来；半透的膜材料让装置到了夜间就亮起来，带来了光的装置效果。虽然这只是个小型的艺术项目，但在中国还是引起了较大反响。很多人从北上广专门来到浮梁县寒溪村，去体会在地艺术节跟整个村庄、茶山、农舍的关系。

2022年，我们也在南海西樵的乡村做了一次创作，为废弃的墟集市场披上了七彩轻衣。通过把"历史"和"未来"这两个时间尺度并置在一起，营造出一种超现实的场景，让人们回归想象。

其实我几乎从不参加乡建项目，因为我认为乡村艺术的美学高度远远超越城市。在文化和美学上，它不需要外来干预。传统民居和乡村的美都来自它的整体性；像画中描绘的徽州民居，白墙灰瓦，靠的是抽象的肌理和色彩构成的整体意境，这与城市中所表现出的多样性和复杂性所形成的活力不同。

而艺术则不同，艺术可以跟朴素的乡村建筑融为一体。传统建筑自带的朴素、整体、真实的生活感，也体现着对实用的真诚表达。而艺术不关乎实用，它可以通过跟环境的对话浸润到乡村中，而不影响民居建筑的整体美。

我认为中国的乡村振兴应该尊重每个地方独特的传统和它的整体氛围，把品质提升，把人性化的细节、材料，包括环保、节能、舒适性实现质的提升。

越后妻有

大地之灯,中国景德镇,2021年
将茶田原本的自然曲线提取为装置的形态,使得被忽视的地景以一种新的方式飘浮于空中,成为显著的影像;夜晚灯光亮起后,装置如灯塔般被茶山高高托起,从大地汲取能量,在最高点释放;不断生长的树木形成动态剪影,生命的灵性与灯的热量融为一体

时间的灯塔,广东南海,2022 年
建筑虽已废弃,但植物在建筑结构的缝隙中向阳而生,展现出强大的生命力。我们的装置希望创造一种共同成长的新生,让人们感受到新的能量,同时也带给整个地区对时间维度的新认知

这座临时之城产生、成长、运行、燃烧、消失，
像极了一场快进的人类文明发展史。

黑石城

Black Rock City

燃烧

一直向往传说中的"火人节（Burning Man Festival）"，有人说那是大型的狂欢，有人说那是新奇文化的体验；有人说它是充满艺术、创意的地方，也有人说那像是为某种精神信仰举办的宗教活动。在没有亲身感受之前，我看过一些图片：一望无际的沙漠里，布满了千奇百怪的营地和改装的车辆，一副电影《疯狂的麦克斯》（MAD MAX）的既视感，充满异域文化的吸引力和新奇的视觉冲击力。后来我有机会亲自参与了一次火人节。

在内华达州一马平川的黑石城沙漠中，每年八月底九月初，短短九天的时间，几万人在此开辟道路、建造临时营地和各种艺术装置，甚至场地中央的庙宇。但九天后，随着人们的离开，所有一切全部消失，在沙漠中找不到一片纸，可以说火人节期间创造了一座非常临时、即时的城市。

我为什么想谈这座城市？因为它跟大部分顺着时间缓慢成长并且衰落的城市规律不同，它是一座临时的城市。它的规模足够大，具有组成一座标准城市该有的元素：核心、结构、功能、交通，但同时它的寿命却非常短。九天中，这个城市蕴含着巨大的能量和各种可能性——无数人在这里表达、给予、共享、学习，然后一同消失，直至第二年再重新出现。

这座临时之城在沙漠中呈扇形布局，由发射型的街道交错同心圆的弧形街道阵列组成。其中有上千个不同的营地、区域；有些营地从火人节开创初期就存在，已经具有一定的传奇色彩。在火人节没有法律，没有规则，没有主流社会的禁忌，只有一条规则——分享。大家把自己觉得好的东西分享给他人，个人需要的东西也要通过他人的分享获得。当所有人都在分享的时候，恶便很难产生，因为你有的也是你想分享给别人的。

参加火人节的人来自世界各地，他们的穿戴以及搭建的建筑各式各样；他们改装的汽车造型非常夸张，犹如图腾般可被当作大型艺术品放置在沙漠中。这里有各色各样的行为：美术创作、行为艺术、运动，当然，因为自由，也有毒品、性，涉及欲望的种种。人能想象到的各类需求，都能在这个临时之城中找到。一眼望去，这里就是一个乌托邦！

第一天进入营地，沙尘暴来了，几乎什么都看不到。如果要离开汽车，必须戴上风镜、帽子，像极了科幻片里的未来人。由于沙漠里没有任何现代文明的痕迹，恍惚间会觉到这里是外星球。我想，如果有几万人率先去一个新的星球生活，比如说火星，那里很有可能就是火人节现在这般的景象和状态。

第二天沙尘暴结束，整个黑石城尽收眼底——极大的区域，一望无际的帐篷。在这儿，你只能自己解决吃喝，但是不能把垃圾留在原地，要通过垃圾车或者是自己运走。如果想洗澡，要专门去找那种送水的车。有的人会直接拿一个大水桶就地开始洗，沙漠中这可能是唯一不会产生违和感的画面。

黑石城

每年只存在数天的临时城市——黑石城，这座乌托邦之城由几大原则带领：无条件包容、乐于赠予、去商品化、自力更生、共济精神、公民责任、"不留痕迹"、即时性、投身参与

黑石城 　　　火人节现场，2018 年

黑石城

火人节的一处婚礼现场，2019 年

在黑石城中，主要的交通工具是自行车。和那些被设计过的汽车一样，自行车也经过改装，奇形怪状，前轮上方都挂着灯，以防夜幕降临一片漆黑后找不着北。由于白天炎热，一到晚上，几万人倾巢而出，通宵狂欢直到天亮。这个场景让我想到了古代战场，几十万人的战斗也大都是在非常平坦且宽阔的平地上进行。在扇形城市的中心有两处最主要的建筑，其中一处叫"庙宇"（temple），约1000平方米见方的木质建筑，每年都有特别的设计；另外一处是造型独特的"火人"，它更像图腾，象形的造型，也是由木结构搭建起来的。每年火人节的最后两天，会分别点燃这两处主要建筑。点燃，消失，场面极其震撼，充满了强烈的仪式感。

为什么把这处建筑叫作"庙宇"呢？因为这座临时建筑与真实世界中的庙宇承载了相似的精神属性，在这里，庙宇是火人节的精神核心物之一。庙宇位于整个扇形城市的圆心位置，从营地最外缘骑车大概要二三十分钟才能到达。在这二三十分钟的路上，你会途经很多自发制作的充满创意的、艺术感十足的大型雕塑，有的是动物，有的是人物，有的是某种图腾，给人以超现实的感觉，充满想象力，富有艺术感和宗教感。

相比之下，庙宇里的气氛则肃穆得多。当我到达庙宇时，里面已挤满了人，大概几百人的样子。庙宇内的柱、墙，所有的木质构件上都贴满了照片，以及写着诗歌的卡片和信件，这些可能是献给父母、孩子、最好的朋友，也可能是写给逝去的朋友和亲人，或者宠物……人们把心中难以忘怀的记忆和故事留在这座建筑里。这儿就像一座民间博物馆，身处其中，你可以一直看，看他人分享自己的故事和人生。

偌大的空间中，没有人说话，非常静。仿佛有一种冥冥中的力量，连通了所有人的意念，让人们可以与上天对话。这种集体的仪式感氛围，当然跟与世隔绝的环境有关，跟建筑所搭建的空间也有关，更重要的是跟人们内心的共同期待和信念有关。所有的一切都是那么超现实，脱离了现代日常生活，完全进入纯粹的肉体和精神相连的新世界。对我来说，这就像逃离已经遍布现代世界的主流环境，而退居到一个小点。从这个点却看到了人的精神的更大的世界。

距离火人节结束还有两天时，庙宇被点燃。上万人看着熊熊冲天的大火，围坐在火焰旁。虽然与火堆保持着大约一百多米的距离，但我仍能感觉到那灼热的空气在升腾。围绕着庙宇大概每三十米会站一位管理人员，面对着围坐在火堆周围的人——据说往年曾经有人跑进火堆跟庙宇一起燃烧，非常疯狂。在庙宇逐渐消失的几个小时中，现场鸦雀无声，只能听到带有水分的木头燃烧时发出的噼里啪啦的声音，以及随着燃烧，主体搭建结构轰然倒塌的巨响。

那是一个炙热而又悲伤的夜晚，每个人炽热的情感随着火焰的熄灭而逝去。这让我想到在东方文化中，现世的人跟另一个世界的沟通形式——通过烧纸、烧各种实物去祭奠先人。每到特别时节，如清明节、中元节、寒衣节等，城市的路口会被认为是通往另一个世界的通道。燃烧物品产生的烟雾，不再是物理意义上的烟，而变成了一种象征性介质，以虚无的方式把我们对故人的思念带去另一个世界。通过想象中的连接方式，人与天产生了情感关联，于是，在某些宗教及哲学层面，天堂成为人们寄托希望的另一个精神空间。

最后一天，"火人"被点燃了。起火的木质人偶与庙宇燃烧是截然不同的气氛，更像是涅槃重生，人从欲火中超脱，所有的希望和想象力升华至更高的层次、更远的世界。随之而来的是彻夜的狂欢，音乐、酒精、毒品、欢笑，那一刻，黑石城呈现一个极端自由的状态。

隔天午后，人们开始陆续离开。可以想象再过几天，这一整片沙漠又将回复到原始的样子。这座临时之城在十几天时间里的变化——产生、成长、运行、燃烧、消失，像极了一场快进的人类文明发展史，也像是一部城市兴衰的倍速动画。所有的物质从出现到消失，活力从无到有再到消失。当人离开之后，还有什么东西仍然会驻留在心里？我想就是那座庙宇和整个社区存在时充盈在人们心中的精神。通过城市消失之前的那场燃烧，大家让自己的情感和想象，去到了更远的时空，也就是每个人内心的更深处，通过作为载体的城市，个人理想变成了集体理想。

一座城市跨越千百年的时间，最后真正能给人内心留下的，不也就是这些吗？

- 北京 Beijing
- 纽约 New York
- 多伦多 Toronto
- 圣地亚哥 San Diego
- 哥本哈根 Copenhagen
- 巴塞罗那 Barcelona
- 鄂尔多斯 Ordos
- 哈尔滨 Harbin
- 巴黎 Paris
- 伊斯坦布尔 Istanbul
- 鹿特丹 Rotterdam
- 洛杉矶 Los Angeles
- 深圳 Shenzhen
- 嘉兴 Jiaxing
- 衢州 Quzhou
- 海口 Haikou
- 珠海 Zhuhai
- 直岛 Naoshima
- 越后妻有 Echigo-Tsumari
- 黑石城 Black Rock City

这个世界无论你相信什么,都还有另外的东西存在……

图片鸣谢

010上图：©欧普雷，星星基金会；010下图：©李英杰；032,105,126,128－129,130－131,196,197,198－199,208－209,397: **Iwan Baan**；042: **舒赫**；043: ©**Daniele Dainelli**；044－045,046－047,062下图,442－443,444－445,446－447: **田方方**；054－055,060,061,222－223,357下图,372,373: **存在建筑**；056－057,062上图,210,211: **Hufton+Crow**；066,218下图,220,338－339,340下图,341上图,342－343,362－363,370,374－375: **CreatAR Images**；067: **朱雨蒙**；068: **RUIS**；087上图: **Midge Wattles** ©**Solomon R. Guggenheim Foundation**；089: **曾皓**；114: ©**ROM. Courtesy of ROM (Royal Ontario Museum), Toronto, Canada.**；114: ©**OCAD University. Courtesy of OCAD University, Toronto, Canada**；121: ©方振宁；138－139,141,452－453: 陈冠宏**(ACF)**；140: ©**徐琛**；154: **Daniel Rasmussen** ©**VisitCopenhagen**；160: ©**ximo**；162上图: **Jeremy Jachym** ©**Louisiana Museum of Modern Art**；162下图: ©**Nanna Petersen**；170: **杨天周**；206,212－213,215下图: **Adam Mørk**；215上图: **驱动传媒**；221,340上图,341下图,357上图,357中图: **奥观建筑视觉**；246－247,248,249,252下图,254－255: **Jared Chulski**；264上图: **Delfino Sisto Legnani and Marco Cappelletti** ©**OMA**；264下图: ©**Daria Scagliola + Stijn Brakkee**；287: ©**Frank O. Gehry. Courtesy of Getty Research Institute, Los Angeles (2017.M.66)**；303,306－307,308－309: **Nick Lehoux**；346－347: **老阳**；399: ©**瀚和文化**；404－405: **Olafur Eliasson**；410,412,413,414－415: **Fuji Koji**；424－425,434: **Nacasa & Partners Inc.**；426－427: **Osamu Nakamura**；428－429: ©十日町市观光协会**(Tokamachi Tourist Association)**；454－455,456－457: **零壹**；462－463: ©**Tony Edwards**